本书是2018年度教育部人文社会科学研究青年基金西部与边疆地区项目“吴宓的新人文主义翻译思想研究”（项目编号18XJC740007）的研究成果

翻译与人文

吴宓的翻译思想研究

汪刚 著

中国社会科学出版社

图书在版编目（CIP）数据

翻译与人文：吴宓的翻译思想研究 / 汪刚著.

北京：中国社会科学出版社，2024. 7. -- ISBN 978-7-5227-4005-8

Ⅰ. H059

中国国家版本馆 CIP 数据核字第 2024B5X573 号

出 版 人　赵剑英
责任编辑　陈肖静
责任校对　刘　娟
责任印制　戴　宽

出　　版　中国社会科学出版社
社　　址　北京鼓楼西大街甲 158 号
邮　　编　100720
网　　址　http://www.csspw.cn
发 行 部　010-84083685
门 市 部　010-84029450
经　　销　新华书店及其他书店

印　　刷　北京明恒达印务有限公司
装　　订　廊坊市广阳区广增装订厂
版　　次　2024 年 7 月第 1 版
印　　次　2024 年 7 月第 1 次印刷

开　　本　710×1000　1/16
印　　张　13.75
插　　页　2
字　　数　166 千字
定　　价　79.00 元

凡购买中国社会科学出版社图书，如有质量问题请与本社营销中心联系调换
电话：010-84083683

目　录

第一章 绪论

第一节 引言

吴宓被誉为“中国比较文学之父”、国学大师、大诗人、西洋文学专家，与陈寅恪、汤用彤并称为“哈佛三杰”，又同大书法家于右任、水利专家李仪祉、高僧虚云共享“关中四大”之美誉，在近代中国西洋文学教育史上享有很高的地位，曾连续两次被评为“西洋文学部聘教授”，外语界乃至文史哲领域的诸多前辈都直接或间接地受教于他。他学识渊博，融汇古今，贯通中西，崇尚以严肃认真、客观冷静的学术态度和公允中正的批评精神来应对激烈碰撞中的各种关系。他力主“昌明国粹、融化新知”，“不偏不党、不激不随”[①]，既不盲目守旧，又不一味趋新，既反对全盘欧化，又不盲目排外。他满怀“温柔敦厚之心”“悲天悯人之情”和“忧国忧民之志”，孜孜不倦地宣扬并躬行新人文主义思想，希望借此挽救并改良正在经受前所未有的冲击而面临覆亡之危的传统文化，匡扶社会道德。

① 出自《学衡杂志简章》。

但是，吴宓的文学理念和道德追求，无论是在社会思潮涌动的民国时期，还是在他最后的二十八年或死后的十多年，很难得到广泛认可，有时甚至被冠以守旧落后的帽子而受到不公正的批评和指责。

吴宓逝世四十多年了，在此期间，国内的政治和学术氛围较过去有了很大的改观，吴宓去世的 11 个月之后，在冯至、贺麟、李赋宁、朱光潜等昔日弟子和友人的努力下，得以昭雪平反，他以及学衡派的文化理念、诗学主张乃至教育思想也逐渐引起了一部分学者的研究兴趣。五四新文化运动以摧枯拉朽之势席卷整个中国，致力于破除传统，引进新知，推动“进步”，以达到启迪民智和救亡图存的目的，对处于关键历史时期乃至后来的中国所产生的影响是难以估量的。然而，新文化运动在对待古今、中西、新旧等问题时所采取的方式和态度也值得我们深刻的反思，人们在颂扬新文化运动破旧出新之历史伟绩的同时，也不能无视其遗留的历史问题。吴宓和他的学衡同人从一开始就以冷静的态度面对新文化运动，并对此展开了全面深刻的批判和反思，尽管他们的主张在当时并没有成为思想主流，但他们所倡导的对待新旧事物和思想流派时所应保持的学者眼光和批评态度，以及他们所宣扬的道德理想和文化理念，无论是在民国时期抑或是当今时代都有着很高的学术价值。

吴宓逝世之后的四十多年里，世界翻译学也发生了重大变化。随着翻译的空间和维度不断拓展、翻译的概念不断重写、翻译的内涵不断充实、外延不断伸展以及人们对翻译的理解不断更新，翻译学的学科地位也得以正式确立[①]，而且得到了爆炸式的

① Holmes 于 1972 年在哥本哈根举行的第三届国际应用语言学大会上宣读的论文“The Name and Nature of Translation Studies”被视为翻译学学科的“成立宣言”，见 Gentzler，E.，*Contemporary Translation Theories*，London & New York：Routledge，2001，p. 93；Snell-Hornby，M.，*The Turns of Translation Studies*：*New paradigms or shifting viewpoints*？Amsterdam & Philadelphia：John Benjamins，2006，p. 40。

发展，学科的边界得到了广泛的拓展，同语言学、文学、哲学、社会学、历史学、认知学、文化研究等邻近学科的交融日益密切，研究的范式也先后经历了语言学转向（linguistic turn）、文化转向（cultural turn）、跨学科转向（interdisciplinary turn）、实证转向（empirical turn）、全球化转向（globalization turn）等多个阶段，[①] 从忠实对等到功能改写，从规约到描述，从转换技巧、文体效果、连贯手法，到意识形态、权利操纵、社会影响，研究的视点日新月异，让人应接不暇，人们对翻译的理解发生了颠覆性的改变，翻译学研究进入了前所未有的盛世。而在世界翻译学大潮的推动下，中国的翻译学研究也全面展开，虽然起步相对较晚，学科地位也直到 21 世纪初才正式确立[②]，但发展非常迅猛，中国的学者为摆脱印象式、随想式、点评式的传统批评模式，开始自觉运用文体学、语用学、语义学、篇章语言学、对比语言学等相关领域的理论和方法，从而让自己的研究日趋系统化和科学性。同时，国际翻译学中的焦点话题也相继在中国语境中得以展开，中国学者通过深入考察中国历史上的翻译实例，生动阐述了翻译如何不再是一种单纯的封闭的语言转换活动，而是一个汇集了多种权力关系和多方行为主体的历史文化事件，在增加我们对具体历史语境中翻译了解的同时，也不断丰富着国际翻译学的知识库。

然而，在国内外翻译学蓬勃发展的今天，翻译界一个很值得我们反思的现象就是：贵为“西洋文学部聘教授”、曾多年开设翻译课、影响或培养了民国时期诸如钱锺书、王佐良、李赋宁等

---

① Snell-Hornby, M., *The Turns of Translation Studies: New paradigms or shifting viewpoints?* Amsterdam & Philadelphia: John Benjamins, 2006.

② 许钧、穆雷：《中国翻译学研究 30 年》，《外国语》2009 年第 1 期。

一大批翻译名家和外语人才、翻译过大量西方学术文化和文学作品的国学大师吴宓却很少被提及，吴宓和学衡派的翻译在以“革命”“进步”“解放”等主流思想为潜在标准或以线性史观为基本预设的文学史及翻译文学史的书写中基本被忽略，吴宓的翻译，无论是思想还是实践，都没有得到应有的关注，也没有得到深入合理的阐释。诚然，吴宓的翻译在功能、选材、策略、规模等方面，与鲁迅、胡适等人所代表的新文化派的翻译相比自是不同，社会影响力也非常有限，但这并不是说吴宓的翻译没有研究价值。张宏说：“吴宓是中国现代文化转型中相当独特而重要的一个人物……他的重要性，不亚于任何一个在20世纪的中国现代文化史和文学史上作出过贡献的人，甚至敢于说，他的独特性是无人能够重复的。”① 吴宓的独特性同样体现于他的翻译思想和实践。当前，吴宓的文化思想已经得到了相对深入的研究，在翻译学日益发展的今天，全面梳理并深入阐释吴宓的翻译思想就显得尤为必要：不仅需要全面揭示吴宓翻译思想的内容和特点，还需要对吴宓相对独特的翻译思想做出合理而精到的解释，在展现其被长期忽略的深刻意蕴的同时，也为当前译学乃至文学和文化研究提供有益的参考。另外，对吴宓翻译思想独特性的展现离不开对吴宓文化理想和学术思想之整体的考量，即不能带着历史偏见或者先入为主地选用翻译学研究中的某些理论框架去界定或诠释，否则就会有“以前置的立场和模式，对文本和文学做符合论者主观意图和结论的阐释”②，吴宓的独特性就有可能会因“强制解释”而被扭曲或误解，吴宓翻译思想的本来面目也有可能被遮蔽。

① 张宏：《吴宓：理想的使者》，文津出版社2005年版，第310页。
② 张江：《强制阐释论》，《都市文化研究》2017年第1期。

第二节 吴宓简介

一 吴宓小史

吴宓，字雨僧，原名玉衡，曾用名吴陀曼①，别号“藤影荷声馆主”②，陕西省泾阳县人，出生于1894年8月20日。7岁时开始随继父，也即其叔父仲旗公识字，自小聪明强记，在短短一年内识字三千余③。经过几年私塾教育之后，于1906年进入三原县弘道学堂学习，1910年6月以第三名的成绩毕业。1911年入清华留美预备学校学习，中途（1912年2月至4月）在圣约翰大学短暂学习过，1916年6月高等科毕业，但是他由于体育不及格，又患有眼疾，不得不滞留清华，在学校文案处任翻译，一年后赴

---

① 吴宓的每个名字都很有渊源。吴宓原名叫“玉衡”，是北斗七星第五颗星之名（北斗七星自斗身至斗柄，依次为天枢、天璇、天玑、天权、玉衡、开阳、摇光），取《书经》“陈璇玑之玉衡”之义。但幼时吴宓体弱多病，祖母认为是名字的原因，于是请姑丈陈涛（字伯澜，康有为门人，维新派人士）另取新名，以祛除不祥，永保平安。陈涛当时正郁于维新变法的失败，终日饮酒，数次请求之后，于乱醉之中，在碎纸上写出“陀曼”二字（后来好友陈寅恪指出，这其实是将“曼陀”——取自“曼陀罗华”，即梵文 Mandara 之音译——二字颠倒；吴宓的继父仲旗公也推测说，陈涛本意是“曼陀”，沉醉之中将二字颠倒），从此（1901年，吴宓当时8岁）“吴陀曼”就成了吴宓的学名，诸弟妹之名也径由此出，如吴倩曼、吴须曼、吴祥曼、吴孔曼、吴协曼等。1910年上半年，仍在三原县弘道学堂念书的“吴陀曼”准备报考清华游美项目，但时年17的他已经超出了最大年限15岁，须更改姓名和相关信息，于是“吴陀曼”拿过《康熙字典》，闭眼翻开其中一册至某页，用手指随意指认，而得“宓”字，“吴宓”之名从此确立。其实，吴宓很喜欢“吴玉衡”，认为“此名最美”，甚是后悔当初改名时没有复用该名，不知他后来的诸多遭遇和不幸是不是真如他在《自编年谱》中所暗示的那样都与此次改名有关。“雨僧”实则“遇僧”之意，根据“撞周”的乡俗，孩子出生第三天即由家人抱至大门外，认第一个路过的人为“干爹”，吴宓当时撞见一位僧人，但由于祖母所定之家规而没有拜敬；1909年吴宓的表兄陈君衍（即为吴宓取名“陀曼”的姑丈陈涛之子）自日本归来，劝吴宓赴日，学习实业，并代他以“吴雨僧”之名加入日本某学会，此即“雨僧”的由来。

② 即清华工字厅西客厅，1925年吴宓入住之后取名为“藤影荷声之馆”。

③ 吴宓：《吴宓自编年谱》，吴学昭整理、注释、翻译，生活·读书·新知三联书店1995年版，第44页。

美。初入弗吉尼亚大学，习英国文学，1918 年暑期往波士顿访友，结识了同为清华公费生、时在哈佛进修的梅光迪。当时，梅光迪正在四处联络，“招兵买马”，准备组建一个强大的阵营，对抗以胡适和陈独秀为代表的“新文化”派和“白话文”运动。多次会谈之后，吴宓为梅光迪的文学理念和学术志向所倾倒，在梅光迪的帮助下开始了解白璧德（Irving Babbitt）和穆尔（Paul Elmer More）两位新人文主义大师的学说，并经梅光迪的引领拜见了白璧德。是年 9 月吴宓即从弗吉尼亚大学转入哈佛大学，投入白璧德门下，从此成为了新人文主义思想和白璧德学说的忠实信徒和坚定使者。1920 年 6 月，吴宓在哈佛大学比较文学系毕业，获文学学士，并于同年 9 月入哈佛大学研究生院继续学习，次年 6 月获文学硕士学位。吴宓 1921 年 8 月回国，9 月入职南京高师（今东南大学），任英语兼英国文学教授，同时在副校长刘伯明的大力支持下，同梅光迪、胡先骕、李思纯、柳诒徵、汤用彤等众多好友积极筹备《学衡》杂志，并出任主编。由于学校内部矛盾不断累积，再加上刘伯明英年早逝，学衡派由盛转衰，《学衡》同人纷纷他就，吴宓也于 1924 年 8 月远赴沈阳东北大学。次年 2 月，吴宓应清华校长曹云祥之邀，出任清华国学研究院主任，并请来了至今仍让清华人引以为荣的四大国学导师：王国维、梁启超、陈寅恪和赵元任。1926 年 9 月吴宓任清华西洋文学系代理主任，1930 年 9 月至 1931 年 8 月，赴欧洲游学一年，访问过牛津大学、巴黎大学等名校。1937 年随清华南迁到长沙，再西迁至昆明，任西南联大外文系教授。1944 年自昆明经遵义（浙大）入蜀，赴重庆北碚，并转至成都，任燕京大学教授，同时在四川大学兼课；1946 年，应好友、时任武大文学院院长刘永济的邀请，赴武汉大学，出任外文系主任兼教授。新中国成立前夕，先后拒绝了哈佛大学和香港大学的邀请，并成功躲过国民党特务的盯梢，选择留在大陆。1949 年赴重庆北碚，任教于相辉文法学院和勉仁文学院，1950 年加入新组建的西南师范学院，先后任外语系、历史系、中文系教授，1964 年 10 月被罢课，此后再未登上讲台，1978 年 1 月 17 日凌晨去世。

二 吴宓的学术成就

吴宓在教育、学术、诗文等方面都有着很高的成就。

在教育上，[①] 吴宓的最大贡献表现在对清华国学研究院的筹建和创办，并制定出“以研究高深学术，造就专门人才为宗旨”的研究院章程，明确规定了研究院的组织、科目、教授、学员、研究方法等各个方面。[②] 另外，在主持清华外文系期间，吴宓参考哈佛大学比较文学系的培养方案和课程设置，结合中国的情况和需要，制定出了完整的课程规划，[③] 还详细地拟出了需要参阅的西洋文学精要书目，[④] 其中“培养博雅之士”和会通中西文明之精神的教育理念更是影响深远[⑤]，直接奠定了清华外文系的历史地位，更为我国培养了一大批一流的外语人才。吴宓在清华和西南联大时期，先后培养了钱锺书、曹禺、李健吾、张骏祥、田德旺、张君川、王岷源、李赋宁、王佐良、周钰良、许国璋、李鲸石、杨周翰、查良铮（诗人穆旦）、袁可嘉、金隄、许渊冲等

---

① 吴宓的教育经历，可简要参考刘明华《吴宓教育年谱》，《重庆教育学院学报》1999 年第 4 期。

② 具体见《清华开办研究院之旨趣及经过》《研究院章程》《研究院发展意见书》等文（徐葆耕编：《会通派如是说：吴宓集》，上海文艺出版社 1998 年版）。

③ 具体见《外国语文学系概况》《外国语文学系一览》（徐葆耕编：《会通派如是说：吴宓集》，上海文艺出版社 1998 年版）。

④ 见《学衡》第 6、7、11、22 四期吴宓所编写的《西洋文学精要书目》。

⑤ 吴宓的博雅教育思想集中体现于《世界文学史大纲》一书（吴宓著，周轶群编，商务印书馆 2020 年版）。

一大批优秀的外语人才，景昌极、缪凤林、张其昀、季羡林、王力、贺麟、向达、浦江清、沈有鼎、张荫麟等文史哲前辈先后听过他的课，中华人民共和国成立后乃至“文革”后，全国外语方面甚至是文史哲方面的许多人才都曾直接或间接受教于吴宓。

据吴宓自述、友人记叙及学生回忆，[①] 吴宓备课非常认真，讲义撰写一丝不苟，而且清晰明了，条分缕析；每次都是提前到课，做好准备，凭记忆将主要参考书目板书清楚；上课时，严谨系统，陈述清楚，英语流利，而且很少看讲义，主要引文他都准确背出；课后认真批改学生的作业，并给出具体评语和意见；对学生很有耐心，有问必答，常常把讲义借给学生抄写，并经常应学生之邀，作各种讲解或演讲。正因为如此，吴宓的课程深受学生欢迎。吴宓所讲授的课程，概括起来主要包括西洋文学史、中西文学比较（姑将《红楼梦》讲座和演说系列置入此栏）、新人文主义（包括文学批评）几个方面。他教授过的主要课程包括《英国文学史》《西洋文学史》《古代文学史》《欧洲文学史》《世界文学史》；《英诗选读》《英文小说》《英国浪漫诗人》《希腊罗马文学》《欧洲名著选读》《欧洲古代文学》；《中西诗比较》《中西比较文学》；《人文主义》《文学与人生》；《红楼梦讲谈》；《翻译术》；等等。[②] 1942 年吴宓被评为首批西洋文学部聘教授[③]，1947 年得以续聘，这充分反映了吴宓在西洋文学领域的修养和在教育上的成就。

---

① 描述吴宓授课的资料较多，既有自述，也有他述，如吴宓《吴宓自编年谱》，吴学昭整理、注释、翻译，生活·读书·新知三联书店 1995 年版，第 222、242 页；温源宁《不够知己》，江枫译，岳麓书社 2004 年版，第 393 页；许渊冲《追忆逝水年华：从西南联大到巴黎大学》，生活·读书·新知三联书店 1996 年版。

② 主要根据《吴宓日记》整理而得，也可参考刘明华《吴宓教学年谱》，见王泉根编《多维视野中的吴宓》，重庆出版社 2001 年版，第 521—526 页。

③ 吴宓：《吴宓日记之Ⅷ》，生活·读书·新知三联书店 1998 年版，第 369 页。

在学术上，吴宓本着“盖能守经而达权，执中以衡物，不求强同，亦不惧独异，本齐心之所是，审慎至当，而后出之”① 的治学态度，吁请审慎而理性地处理中西、新旧的关系，强调不可“利用国人一时之意气感情”，不可简单以一家学说抹杀不同的声音，而要“论究学理，培植文化”，这在革新文化传统的激进时代背景下，未免显得过于保守和书生气，但必须看到，这其实也是一条不乏开明理性的学术思路。作为学者，吴宓以其“审慎之研究、细密之推阐及诚挚之情意”② 为我们留下了许多宝贵的财富。

吴宓最为人瞩目的学术建树体现在比较文学的研究方面，他不但是中国第一个留洋系统学习比较文学的人，也是第一个在国内开设专门课程、教授比较文学的人，同时也是第一个自觉采用比较文学的理论和方法来研究中国文学的学者。③ 在哈佛大学比较文学系求学期间，吴宓师从白璧德，这位新人文主义大师对于世界文化的会通有着独到的理解，强调全人类共同创造的普遍永久价值和智慧。他教导学生应该注重对西方古典文化传统、希伯来基督教传统、印度哲学与佛教传统、中国哲学和儒家传统等世界四大文化传统的比较研究。④ 这些主张深刻影响了吴宓的中西文化观，也为吴宓后来从事比较文学研究奠定了坚实的基础。1920 年吴宓在美国读书期间，就利用比较文学理论对《红楼梦》进行研究，他一反“索引派”“考据派”等传统研究路数，而采用中西小说比较的研究方法，对《红楼梦》的创作机制、主题变

① 吴宓：《文学研究法》，《学衡》1922 年第 2 期。

② 吴宓：《本副刊之宗旨及体例》，《大公报 · 文学副刊》1928 年第 1 期。

③ 赵连元：《中国比较文学之父》，见李继凯、刘瑞英编《解析吴宓》，社会科学文献出版社 2001 年版。

④ 胡先骕译：《白璧德中西人文教育谈》，《学衡》1922 年第 3 期。

奏、性格分析等方面价值给出了令人耳目一新的独特见解。学成归国之后，吴宓长年开设《中西诗比较》和《文学与人生》两门比较文学课程，“中西文古今诗及论诗之文若干篇，诵读讲论，比较参证……采取融贯之功夫，共资讨论，以期造成真确之理想及精美之赏鉴，而解决文学人生切要之问题”①。

和许多同时代著作等身的学者相比，吴宓长期苦于“课忙事冗”，一直没有把多数的时间精力投入到体系的创立和学理的构建。然而他所撰写的一些论文，如《论新文化运动》《我之人生观》《论今日文学创造之正法》《文学研究法》等，以及30年代的讲稿《文学与人生》都是非常有分量的学术文献。此外，吴宓还根据自己的教学和研究，编成了多部教材和讲义，主要包括：《文学与人生》（英文）、《欧洲文学史大纲》（英文）、《世界文学史大纲》（英文）、《希腊文学史》《中国文学史大纲》《外国文学名著讲读》《世界通史》《简明英文文法》《法文文法》《拉丁文文法》《中国汉字字形、字音沿革（发展变化）简表》。

在文学创作方面，吴宓在《吴宓诗集》的序言中表达了自己一生在诗文上的三个愿望：② 作成一部诗集（《吴宓诗集》），综合中西小说精华而写成一部长篇章回体小说（《新旧因缘》），完成一部关于人生哲学和道德的巨著（《人生要义》③）。对于《新旧因缘》，吴宓曾搜集过大量的材料，包括毛彦文与朱斌魁之间的通信，也多次与友人商讨小说的情节和框架，并写出第一回④，

① 出自吴宓《中西诗之比较》的选课说明，转引自赵连元《吴宓——中国比较文学之父》（见李继凯、刘瑞英编《解析吴宓》，社会科学文献出版社2001年版，第307、308页）。

② 吴宓：《吴宓诗集》，吴学昭整理，商务印书馆2004年版，第5页；又见吴宓《吴宓日记之Ⅳ》，生活·读书·新知三联书店1998年版，第39页。

③ 吴宓后来在日记提到该书的时候，多用《人生哲学》之说。

④ 吴宓：《理想小说〈新旧因缘〉第一回》，《学衡》1924年第36期。

但这部吴宓从早年一直念叨到晚年的鸿篇巨著最终也只是停留在构想阶段。《人生哲学》的命运也是一样，吴宓曾拟出详细纲要，最后仍不了了之。吴宓最终仅实现了他的第一个愿望，《吴宓诗集》不仅代表着吴宓在诗歌创作上的成就和他所追求的“以新材料入旧格律”的诗歌创作理念，也真实地记述了吴宓的情感经历，吴宓以亲身经历很好地诠释了“诗人之不幸”如何成为“诗之幸”[①]。中华书局1935年出版的《吴宓诗集》不仅涵盖《西征杂诗》《南游杂诗》《欧游杂诗》《落花诗》《忏情诗》等诗篇，还收录了吴宓所发表的诗话和诗评，如《余生随笔》《英文诗话》《空轩诗话》等；此外，《诗集》还收录了吴宓作于1910年暑假的《陕西梦传奇》第一出，以及在清华期间根据Longfellow的长诗*Evangeline*而作成的《沧桑艳传奇》四出。《诗集》中既包括吴宓的诗作，也包括他的译诗以及同陈寅恪、吴芳吉、李赋宁等友人和学生间的吟和。后来，商务印书馆根据吴宓小女吴学昭的整理，于2004年和2007年先后推出《吴宓诗集》和《吴宓诗话》，前书收录了吴宓生前所作的绝大部分诗作，[②] 后书则集中收录诗话及相关诗学思想。另外，面对白话新诗日盛、古体诗无论是创作还是刊登都面临困境的情况，吴宓还打算选编《近世中国诗选》一书，不过最终也未能如愿。

在主持、主办报纸杂志方面，吴宓的名字通常与《学衡》联系在一起，一方面，身为主编的吴宓为《学衡》花费了大量的心血，不仅积极改稿撰稿，出资出力，还在诸好友纷纷他去的时候一个人苦苦维系，发展会员，多方筹稿，虽最终没能挽回《学

① 吴宓：《吴宓诗集》，吴学昭整理，商务印书馆2004年版，第295页。

② 遗失的部分甚是可惜。据《吴宓日记续编之Ⅳ》第64页所述，由于惧祸，吴宓焚烧了70首“藉咏物以寓情意”之诗，这些“以艺术论，在宓所作实为精上”。

衡》停刊的命运，[①] 但吴宓的功劳不可磨灭；另一方面，吴宓的学术思想和人文主义理念也主要是通过《学衡》而得以展现和推广。

不过，《学衡》并不是吴宓主持过的唯一杂志。出于对诗文和创作的爱好，吴宓自幼就有办报开志、著书立说的想法，并为之做过各种尝试，[②] 尤其是以弘道学堂时期同其表兄胡文豹所创办的《陕西杂志》为代表。清华时期，吴宓先后参与了《观摩新报》《益智杂志》《清华周刊》的创办或编辑工作，并积极供稿。他意识到志刊在那个社会变迁剧烈、古今中西新旧各思潮不断碰撞的时代对改良社会、救治国家、匡扶文化的各种益处，希望未来能够借此“开一学社，造成一种学说，专以提倡道德、扶持社会为旨呼号”[③]，并“发挥国有文明，沟通东西事理，以熔铸风俗、改进道德、引导社会”[④]。他甚至借鉴西方历史，拟将未来所办之志冠以“Renaissance”之名，以彰显“发扬国粹”的大旨[⑤]。在美国留学期间曾担任过《乾报》驻美分会编辑部长，并在《留美学生季刊》《中国留美学生月报》等刊物上发表过多篇重要论文。1928 年之后，吴宓除了继续主持《学衡》（此时已由先前的月刊改为双月刊）之外，还本着“不为图利，但行其志”[⑥] 的原则，出任《大公报·文学副刊》[⑦] 主编，盛极一时，同时也为

① 《学衡》自 1922 年 1 月至 1933 年 7 月，共发行 79 期。

② 吴宓入清华之前在写小说和办杂志方面的各种尝试，详见吴宓《吴宓日记之 I》，生活·读书·新知三联书店 1998 年版，第 110 页。另外，吴宓在《新旧因缘》第一章中的记述，在一定程度上也反映了青少年时代的吴宓在办报著书上的各种尝试，见《学衡》1924 年第 36 期。

③ 吴宓：《吴宓日记之Ⅰ》，生活·读书·新知三联书店 1998 年版，第 312 页。

④ 吴宓：《吴宓日记之Ⅰ》，生活·读书·新知三联书店 1998 年版，第 410 页。

⑤ 吴宓：《吴宓日记之Ⅰ》，生活·读书·新知三联书店 1998 年版，第 504 页。

⑥ 吴宓：《吴宓日记之Ⅲ》，生活·读书·新知三联书店 1998 年版，第 447 页。

⑦ 《大公报·文学副刊》每周一刊发，自 1928 年 1 月 2 日至 1934 年 1 月 1 日，共发行 313 期。1930 年 9 月初至 1931 年 9 月底吴宓因游学欧洲，文副主要由浦江清代理。

《国闻周报》撰稿。在武汉大学任教期间，吴宓曾有过编撰《文学与人生》周刊的想法，[①] 并短期主持过《武汉日报·文学副刊》[②]。

三　吴宓的翻译经历

翻译在吴宓的学术、创作和教育生涯中的重要地位，长期以来并没有得到应有的关注和认可。对吴宓而言，翻译与文学创作密切相关，翻译不仅是“模仿之良法”，而且，“翻译之佳而入神者，已进于创造之境”[③]。翻译还是吴宓宣传和实践新人文主义、介绍西洋文化文学经典的重要方式，而新人文主义精神在吴宓的翻译中留下的印迹则是本书将要集中探讨的内容。另外，翻译还是吴宓常用的授课方式之一，吴宓经常通过翻译练习来测试学生对诗文作品的思想和精神的理解程度和鉴赏能力。[④]

吴宓的翻译经历大体可以分为早期和中后期，早期主要是指吴宓在清华预科和留美期间，中后期是在吴宓回国之后的一二十年，特别是在他担任《学衡》杂志主编期间，他的小说翻译、诗歌翻译以及对西洋文学和人文主义思想的述译大多完成于这一阶段，这也是吴宓自认为一生中最勤勉的时期，40年代末以后由于各种原因而未能再有新的译作问世。

---

① 吴宓：《吴宓日记之X》，生活·读书·新知三联书店1998年版，第173页。

② 《武汉日报·文学副刊》自1946年12月至1947年12月，共发行50期。

③ 吴宓：《论今日文学创造之正法》，《学衡》1923年第15期。

④ 比如，吴宓在《文学与人生》中说，在引用中西古今文学作品或典籍的时候，会“以译为例——Chinese passage，explained in English orally，English passage，explained in Chinese orally，∴ translation is good test of understanding and expression”，见吴宓《文学与人生》，王岷源编译，清华大学出版社1993年版，第22页。

吴宓早期的译作不多，保留下来的更少，他的早期翻译活动主要有以下几段：（1）1911—1913 年翻译 Orison Swett Marden 所编著的 *Pushing to the Front* 一书，该书由吴宓的表兄（陈涛之子）陈君衍于 1909 年所赠送，吴宓"读之多年"，并于 1911—1913 年译出若干页，书名译为《青年励志编》，后来编录入《雨僧杂稿》，不过该件于 1969 年冬被抄去[①]。（2）1913—1914 年，吴宓根据 Henry Longfellow 的长诗 *Evangeline* 作出杂剧《沧桑艳传奇》，完成四出，并撰有序言，陆续刊登于清华《益智杂志》[②]。（3）1916 年 7 月吴宓自清华留美高等科毕业，但由于身体瘦弱，体育不达标，再加眼疾，而没能按时赴美，在接下来的一年内在清华学校文案处做翻译，其间，经校长周诒春推荐，曾为铁路管理司司长王景春翻译过一篇《论中国铁路之积弊，及应如何改正之办法，以利国计与民生》的英文长文，并得到酬金六十圆整[③]。（4）吴宓赴美之后零零总总做了些翻译，比如他在 1919 年 9 月 8 日的日记中选译了柏拉图《理想国》第 469 段，以明心志[④]，再如 1921 年应邀述译《红楼梦》全书大旨及故事纲要[⑤]。

接下来，吴宓的翻译进入了黄金期，这一时期的翻译在种

---

① 吴宓：《吴宓自编年谱》，吴学昭整理、注释、翻译，生活·读书·新知三联书店 1995 年版，第 88 页。另外，吴宓在《学衡》第 36 期以王志雄之名所表的《新旧因缘》第一回中也提到过这段译书经历。

② 吴宓：《吴宓自编年谱》，吴学昭整理、注释、翻译，生活·读书·新知三联书店 1995 年版，第 125、130 页；又见吴宓《吴宓诗话》，吴学昭整理、注释、翻译，商务印书馆 2007 年版，第 3—15 页。

③ 吴宓：《吴宓自编年谱》，吴学昭整理、注释、翻译，生活·读书·新知三联书店 1995 年版，第 151 页。

④ 吴宓：《吴宓日记之Ⅱ》，生活·读书·新知三联书店 1998 年版，第 66 页。

⑤ 吴宓：《吴宓自编年谱》，吴学昭整理、注释、翻译，生活·读书·新知三联书店 1995 年版，第 210 页；吴宓留美期间的《红楼梦》译介经历，还可参考马红军《吴宓留美期间译介〈红楼梦〉考述》，《红楼梦学刊》2017 年第 1 期；占如默、张忠梅《吴宓编译〈哑剧〉考述》，《现代中国文化与文学》2020 年第 4 期。

类、数量、篇幅、质量上都有很大的提高，译作主要包括两大类别：（1）文学翻译，包括小说翻译和诗歌翻译两个部分，前者主要是对沙克雷（William Thackeray）[①] 两部小说——《钮康氏家传》（*The Newcomes*）和《名利场》（*Vanity Fair*）——的部分翻译：全书共80章，吴宓完成了前六章（回）[②]，后书共67章，吴宓仅完成第一章（回）[③]。后者主要出自两个部分：一是在翻译学术作品中所遇到的诗歌作品，这些学术作品既包括西洋文学或世界文学，也包括与新人文主义相关的思想言论；二是吴宓自主选择的诗作，比如为《学衡》之《英诗浅释》和《译诗》栏目所译的诗歌[④]。（2）学术翻译，这也包括两个方面，一是对世界文学和西洋文学概况及文化背景的述译，比如《世界文学史》《希腊之流传》《罗马之流传》《但丁神曲通论》等；二是对以新人文主义为代表的西方学术思想的翻译，比如《白璧德之人文主义》《白璧德论民治与领袖》《白璧德论欧亚两种文化》《白璧德论今后诗之趋势》《穆尔论自然主义与人文主义之文学》《物质生命心神论》《论循规蹈矩之益与纵性任情之害》《佛斯特小说杂论》等文。

---

① 这里的“沙克雷”与文中所提到的“迭更司”都从吴宓之译名，而没有用“萨克雷”“狄更斯”等今译，其他译名同。

② 吴宓译：《名家小说〈钮康氏家传〉》，《学衡》1922年第1、2、3、4、7、8各期。

③ 吴宓译：《名家小说〈名利场〉》，《学衡》1926年第55期。另外，吴宓究竟译了几回暂不确定，吴宓在《忏情诗》第4首的附注中说译了“首回，发于《学衡》第55期”（吴宓：《吴宓诗集》，吴学昭整理，商务印书馆2004年版，第291页），然后在《观浮华世界电影》一诗的附注中说译了“首二回，登上海《中华新报》”（吴宓：《吴宓诗集》，吴学昭整理，商务印书馆2004年版，第307页），虽然《中华新报》未能得见，但1956年吴宓在赠送江家俊（吴宓在西南师范学院的学生，也是后来的助手）一本英文版《名利场》时所附的纸条上说道：“宓译此书名利场第一回‘媚高门校长送尺牍，泄奇忿学生掷字典’载学衡中”［江家俊：《怀念恩师吴宓（雨僧）先生》，见黄世坦编《回忆吴宓先生》，陕西人民出版社1990年版，第143页］，所以这里且以《学衡》中所刊发的译文为准。

④ 吴宓诗歌翻译的详情见4.1。

吴宓的翻译大多数出自英文，部分出自法语，其中包括两首法语诗（吴宓甚至将其中的一首放在自己诗集的卷首，并视之为自己作诗的基本义法）和以《白璧德之人文主义》《韦拉里论理智之危机》《韦拉里说诗中韵律之功用》等为代表、由法国作家或论者所著、与新人文主义思想密切相关的作品；还有两首译自拉丁语的诗歌《节译奥维德诗》和《节译加突鲁斯》。

另外，特别值得一提的是，吴宓还做过口译，据吴宓介绍，古学深厚、与美国新人文主义学者持论相符、密切关注中国的问题并对此有着深刻见解的香港高等审判厅推事兼香港大学伦理学教授沃姆（G. N. Orme）在访问《学衡》同人之后，在东南大学作了题为“The Essentials of Education”的演讲，吴宓任口译，后来在此次口译基础上作《沃姆中国教育谈》一文①。

总体来说，吴宓的翻译范围很广，种类较多：既有文学翻译，又有学术性翻译；文学翻译中，不仅包括诗歌，还有散文和小说；原文材料主要出自英语，也包括部分法语和拉丁语；除笔译外，还有口译的经验②。

第三节　研究背景

20 世纪 80 年代末 90 年代初以来，随着中国学界的研究取向“由 80 年代以‘文化热’为特征的激进主义转向以‘国学热’为特征的保守主义”③，反思批评激进主义和梳理重估保守主义日益

① 吴宓：《沃姆中国教育谈·按语》，《学衡》1923 年第 22 期。

② 吴宓的主要翻译活动，可参考《吴宓著（译）作年表》，《文教资料》2000 年第 3 期。

③ 郑大华、贾小叶：《20 世纪 90 年代以来中国近代史上的激进与保守研究述评》，《近代史研究》2005 年第 4 期。

成为国内思想文化研究的主流，对学衡派和吴宓的研究随即全面展开，随着吴宓第一手研究资料的整理出版①和由吴宓的亲友、学生及相关学者发起的几次吴宓学术研究会的召开②，国内学界开始广泛关注吴宓，他的教育观、文化观、文学观、比较文学思想、红学研究思想、人生哲学乃至主体人格一时间成为研究热点，各种传记文学也不断涌现。③

而同一时期，国内外翻译学研究正以前所未有之势迅猛发展。

然而，在国内"吴宓热"悄然兴起和翻译学的学科地位逐步确立的环境中，我们却没有看到吴宓翻译研究的相应增长，相反，自彼时至今，以吴宓的翻译为专题的研究屈指可数，吴宓作为翻译家的身份也一直被忽略，以数次纪念吴宓的学术研讨会为

① 不仅包括《吴宓日记》《吴宓日记续编》《文学与人生》《吴宓自编年谱》《吴宓书信集》等一手资料，还包括对吴宓著译作品的整理，比如沈卫威（2008）、刘淑玲（2001）和廖太燕（2014；2015）分别整理了吴宓在《学衡》《大公报·文学副刊》和《武汉日报·文学副刊》三个他所主持的主要杂志上发表的文章；齐家莹（1998）整理了吴宓的著译名目，王泉根（1998）所简要勾勒的吴宓年表中也包含了对吴宓主要作品的介绍，而对吴宓著译更详细的介绍可见许军娥《吴宓著译系年目录辑要》，伊犁人民出版社2000年版。

② 关于吴宓的纪念会、学术讨论会和文集，先是有黄世坦编的《回忆吴宓先生》（陕西人民出版社1990年版）；然后是由李赋宁、蔡恒等人发起，由中国比较文学学会和陕西省比较文学学会等主办的三届吴宓学术讨论会，分别于1990年、1992年、1994年召开；1998年西南师范大学承办了"吴宓先生逝世20周年纪念大会暨吴宓学术研讨会"，见《多维视野中的吴宓》一书（王泉根编，重庆出版社2001年版）；2004年和2014年在陕西师范大学和西南大学分别召开了纪念吴宓诞辰110周年和120周年的学术讨论会；还有王本朝主持编写的吴宓逝世40周年、诞辰120周年学术研讨会（王本朝编：《世上只有一个吴宓》，九州出版社2020年版；王本朝编：《吴宓研究的新拓展和新突破》，九州出版社2020年版）。另外，李继凯和刘瑞英收集了此前关于吴宓的回忆性文字以及论述性文章，编写了《追忆吴宓》（社会科学文献出版社2001年版）和《解析吴宓》（社会科学文献出版社2001年版）。

③ 主要包括：《心香泪酒祭吴宓》（张紫葛，广州出版社2000年版），《情痴诗僧吴宓传》（北塔，团结出版社2000年版），《吴宓的情感世界》（何世进，广东人民出版社2001年版）和《吴宓评传》（傅宏星，华中师范大学出版社2008年版），各书在真实性和严谨度上参差不齐。另外，《情僧苦行：吴宓传》（沈卫威，东方出版社2000年版）和《吴宓——思想的使者》（张宏，文津出版社2005年版）则比较严肃，有较强的学术性，特别是后者。

例，以吴宓的翻译为讨论对象的论文少之又少。吴宓的翻译在译界所受的冷遇同翻译学研究的发展趋向和特点不无关系。

一　译学背景

具体来说，随着翻译的空间被打开，翻译学研究的取向也发生了明显的偏转，由内而外，由相对封闭而自由开放，翻译作为历史事件或社会实践，与社会历史文化之间的相互关系，翻译背后所隐含的利益关系和权利博弈，以及翻译所诱发的社会文化效应，成为了译学研究的焦点，权力、意识形态、诗学、赞助、规范、资本、惯习、认同等研究视角先后成为热点，改写、操纵、颠覆、对抗一时间取代了忠实、对等而成为译学关键词，翻译学的学科地位也在这一转变过程中得以确立。于是，关注历史上的重大翻译事件，看其如何在特定关系群体、权力集团或思想倾向的影响下展现出特定的形态，以及其如何通过相应的形态参与社会政治历史活动，成了译学研究的重中之重。就中国翻译学研究而言，一个明显的特点就是对中国历史上第三次、第四次翻译高潮[①]时

① 关于中国历史上到底出现过几次翻译高潮，当前存在不同的提法，比如：马祖毅认为中国历史上先后出现过三次翻译高潮，即从东汉到宋的佛经翻译以及明末清初和从鸦片战争到清末的两次西学翻译，不过马祖毅的划分不包括五四运动之后的部分（见马祖毅《中国翻译史》，湖北教育出版社 1999 年版，第 4 页）；林克难认为是五次，分别是持续时间长达一千多年的佛经翻译、明末科技翻译、晚清时期对西方人文和社科的翻译、20 世纪中叶面向苏俄的翻译以及改革开放之后持续至今的大规模翻译（见 Tymoczko, M. & E. Gentzler, eds., *Translation and Power*, Boston: University of Massachusetts Press, 2002, p. 161）；罗新璋在编写中国译论史料的时候也倾向于五分，不过异于林克难，它们是古代、近世、近代、现代、当代五个高峰期，分别对应于古代的佛经翻译、明末的科技翻译、晚晴时期的翻译、明国时期的翻译和新中国成立之后的翻译（见罗新璋《翻译论集》，商务印书馆 1984 年版）；陈福康的提法与罗新璋类似（见陈福康《中国译学理论史稿》，上海外语教育出版社 2000 年版）。这里综合各家，且认为中国历史上先后出现了六次翻译高潮，分别是汉末到宋的佛经翻译、明末清初的科技翻译、清末民初时期的翻译、民国时期的翻译、20 世纪中期的苏俄翻译以及 20 世纪七八十年代以来的大规模翻译。

期的名家名作名译关注密集，特别是后者，毕竟这一时期的翻译不仅规模宏大，社会参与度高，更重要的是，在这一关键性的历史时期，翻译对于推进社会、文化和思想的变迁所发挥的作用再怎么高估可能都不为过，而上述的诸多社会文化视角能够帮助我们结合历史语境，深刻阐释特定时代的翻译在中国现代化进程中留下的印迹以及翻译的时代意义，这是封闭的语言学研究模式和忠实对等至上的思维框架所无法企及的。简言之，翻译的空间被打开之后，译学研究呈现出了比较鲜明的特点：从社会文化研究中的相关视角出发，探寻特定历史阶段的社会文化因素合集在翻译中投下的影像以及特定翻译在社会文化中激起的“余波”（aftershock）。

这一研究取向为译学开辟了一片广阔的天地，并让译学研究进入了前所未有的盛世，但同时也让译学呈现出“趋同、趋热”的特点。首先，从研究视点上来说，译界的注意力在自觉不自觉之间被吸引至翻译的“嵌入性”（embeddedness）之上，与权力、意识形态等相关的社会文化研究视角大行其道，其影响力和关注度远远超过其他研究视角和视点。其次，就研究对象而言，目的鲜明、积极参与了历史活动、对社会文化影响深远的重要译者和译作备受青睐，而社会参与度较低、不为主流社会思潮或政治派别所认可的译者和译作则很少有人问津。研究视点和方法上的趋同、研究对象上的趋热带来了两个方面的问题：一方面，对相关研究话题和视角的偏好会让一部分研究显得过于简单化，而让另一部分研究陷入过度阐释的境地或遭受扭曲事实的非议；另一方面，对部分翻译史事的过分关注也极易造成对其他翻译史料的忽略或遗忘。从一定程度上说，这些研究热点和研究视角的出现在拓宽学科边界的同时，又为学科设置了新的囹圄。

在因上述特点和偏好而造成的相对不平衡的译学研究格局

中，吴宓的翻译被进一步边缘化，主要表现在两个方面。一是与鲁迅、胡适等民国时期的其他文化名人相比，吴宓和他的翻译在译界所受的关注度远远不够。五四新文化运动对当时以及后来中国社会影响之深远是无法估量的，翻译又在这场政治文化运动中扮演着举足轻重的作用，而翻译学研究取向的社会文化偏转又为研究这种政治文化运动中的翻译做好了充分的理论铺垫。因此，从社会文化的视角研究这一时期重要政治人物和文化名流的翻译，看其如何应对新旧中西之间的博弈，看其如何参与社会改造、思想启蒙、救亡图存、废旧出新的活动，是中国翻译学研究的一个显著特点，而站在新文化运动的对立面、呼吁以冷静和理性的态度来对待新旧和东西的吴宓和他的翻译，通常不在学者们的追捧之列。二是在研究视角的选定上过于青睐翻译学研究中比较风行的研究视点，而缺乏对吴宓翻译背后的学理基础的全面考究，这种自上而下的研究思路容易造成不同程度的误读或扭曲，以致无法披露吴宓翻译思想的本来面貌。

当代翻译学研究所呈现出来的趋势和取向，在研究对象和理论视角两个方面对吴宓翻译的研究所造成的影响构成了本书的主要背景和动机，也促成了本书在研究视角上的取舍。

二　吴宓翻译研究综述

上文提到了吴宓翻译的研究相对贫弱的译学缘由，这里且总结当前关于这一主题的有限的部分研究。朱徽[①]曾经尝试着总结吴宓的翻译观，不过全文基本上就是一个“小杂烩”，既不全面，也

① 朱徽：《吴宓的翻译观》，见王泉根编《多维视野中的吴宓》，重庆出版社2001年版。

没有主线，意义不大。陈建中[①]结合吴宓关于模仿对文学创作和翻译之重要性的论述，以吴宓所译的几首英诗为例，将吴宓翻译思想的基本内容归结为“旧瓶子装新酒”，指出：吴宓在这一思想主导下的翻译虽然在处理某些细节处存在一定的问题，但整体上达到了形神兼备的效果。戴继国[②]认为崇尚率真是吴宓诗学思想的重要内容，这一诗学主张不仅体现于吴宓的诗歌创作中，也同样体现于吴宓的诗歌翻译中。方开瑞[③]从叙事学的视角论述了吴宓小说翻译，认为吴宓的小说翻译是他“保守观念”的体现，而且吴宓“随着形势的变化”而“逐渐修正自己的观念，并在一定程度上与‘五四’文学家的目标趋向一致”。张旭[④]的两篇论文分别以《学衡》杂志上一诗多译的现象以及吴宓在不同时期对同一首诗的两种翻译为考察对象，论述诗学规范、文化取向、意识形态等限制性因素对吴宓诗歌翻译的影响。白立平和朱志瑜[⑤]根据 Lefevere 关于赞助的三方面因素[⑥]，即意识形态、经济、地位，分析《学衡》杂志的创办过程以及主要译作，指出《学衡》的翻译在诗学、意识形态乃至经济上由于不受赞助的影响而具有独立性，而且《学衡》同人的翻译在很大程度上受作为主编的吴宓的翻译思想所主导。

不过，关于吴宓翻译及翻译思想的研究，2015 年之后出现了几

---

① 陈建中：《翻译是模仿：兼论吴宓的翻译观》，《四川外语学院学报》1991 年第 1 期；陈建中：《吴宓的译诗（上）》，《外语教学与研究》1993 年第 2 期；陈建中：《吴宓的译诗（下）》，《外语教学与研究》1993 年第 3 期。

② 戴继国：《率真与达雅——吴宓译诗管窥》，《外语教学》1995 年第 1 期。

③ 方开端：《从吴宓的翻译活动看小说翻译中叙事文体的变化》，《中国翻译》2007 年第 1 期。

④ 张旭：《译诗创格与诗学重估——吴宓早年英诗汉译活动寻踪》，《盐城师范学院学报》2010 年第 3 期；张旭：《融化新知与诗学重估——白话文学语境中“学衡派”英诗复译现象考察一例》，《外语研究》2010 年第 6 期。

⑤ 白立平、朱志瑜：《吴宓与〈学衡〉杂志的翻译》，《翻译季刊》2011 年第 3 期。

⑥ Lefevere, A., *Translation, Rewriting and the Manipulation of Literary Fame*, London & New York: Routledge, 1992.

篇史料价值较大、内容系统的研究文献。傅宏星总结了吴宓“翻译术”课程的始末，对研究吴宓的翻译思想有重要的史学价值①，白立平则结合史料，围绕翻译学的一些基本问题，梳理并总结了吴宓“以新材料如旧格律”为核心的翻译思想②；他还从微观方面，通过考察吴宓翻译时对标点符号的处理方式，透视吴宓的文化立场和翻译观。③ 另外，马红军④和占如默、张忠梅⑤研究整理了吴宓留美期间针对《红楼梦》所作的译介活动。

综合这些有限的研究，即可发现：在研究对象上，上述学者们主要是以吴宓的诗歌翻译，更确切地说，是吴宓的一小部分诗歌翻译为主，吴宓的小说翻译所受到的关注有限；在内容上，他们虽然注意到了吴宓的翻译思想或翻译观，并尝试过总结吴宓的翻译思想，虽然取得了一定的成果，但系统性和整体性不够；在研究的视角或阐述模式上，大多数研究都是“自上而下”式的，即主要以翻译学研究中的一些热门视点或理论视角为出发点去解读吴宓的翻译，而很少有“自下而上”或“现象学”式的研究，即以对吴宓学术思想背景的全面理解为基础来分析吴宓的翻译，部分研究甚至因为昧于此而得出了完全错误的结论。

此外，另有一些以学衡派的翻译为对象的研究，规模和数量也很有限，其中偶有论及吴宓的翻译，有些甚至以吴宓的翻译作为分析的案例。鉴于吴宓在学衡派中的地位，这些研究或多或少能够体

① 傅宏星：《吴宓与民国时期清华外文系的研究生培养》，《咸阳师范学院学报》2016年第3期。

② 白立平：《吴宓对白璧德著作的译介》，《亚太跨学科翻译研究》2020年第1期。

③ 白立平：《吴宓译〈名利场〉中标点符号的处理》，《亚太跨学科翻译研究》2021年第2期。

④ 马红军：《吴宓留美期间译介〈红楼梦〉考述》，《红楼梦学刊》2017年第1期。

⑤ 占如默、张忠梅：《吴宓编译〈哑剧〉考述》，《现代中国文化与文学》2020年第4期。

现出吴宓翻译思想的部分特征，比如对原文以及对译文体例的选择，对译稿的校勘和选定，等等，但这只能算作是吴宓翻译思想的脚注，对吴宓的翻译仍然需要做深入而精到的总结和分析。

总体而言，吴宓翻译研究的不足概括起来主要包括两点：第一，吴宓的翻译没有得到全面的梳理，吴宓的翻译思想仍有待系统的总结，翻译在吴宓学术文化思想中的重要地位以及吴宓作为翻译家的身份仍然缺乏广泛的认可；第二，在研究视角的选择上，多数研究倾向于先入为主，缺乏对吴宓学术思想整体的必要了解和考量。

因此，当前吴宓翻译的研究面临两大任务：第一是对吴宓翻译思想的全面总结和系统梳理，第二是对吴宓翻译思想的合理阐释。当然，我们还可以在这两大任务的基础上提出第三点，那就是论述吴宓的翻译思想对翻译学研究的意义和价值。本书将集中解决前两个基础性的任务，第三点将在以后的研究中陆续展开。

第四节　研究问题和研究办法

在上述对吴宓翻译研究的译学背景和相关文献综述的基础上，本书将要解决的三大问题或致力于完成的三方面任务也已显现，这里再做进一步总结和归纳，并试图勾勒出对每一研究问题的回答方式。

第一个研究问题是：吴宓有什么的翻译思想？换言之，吴宓的翻译思想包括哪些内容？可以进一步将这一问题分解为以下几个方面：首先是吴宓对翻译的基本理解，即对“何为译?”这一译学基本问题的认识和回答；紧接着便是吴宓对翻译之宗旨和功能的理解，即对“译为何?”的认识和回答；然后是吴宓对翻译过程的理解，即对“如何译?”的回答。当然，译学的这些基本问题之间并不存在截然的界限，对其中某一个问题的思考势必隐含着对其他问题的回答，以吴宓为例，他之所以倡导并躬行某一套而不是其他的翻译策略和方法，是因为他对翻译的特定理解；同时，他对翻译的特定理解从根本上说是源于他对翻译之功能或宗旨的认识；另外，吴宓眼中翻译所要达到的效果和功用，也直接决定着他对翻译过程中各种因素之优先级的排列和具体策略的选定。

为回答这一问题，本书将结合译学研究中对翻译之理解的基本要求，梳理总结吴宓的翻译话语和相关学术思想或者如张佩瑶所说的“间接翻译话语”①。另外，这一梳理的过程离不开特定研究视角的选定，因为后者通常会在潜移默化中影响着研究的发现和取舍，这就与下一个研究问题相关。

第二个研究问题是：吴宓的翻译思想如何与新人文主义相关？这一问题也可以进一步分解为“为什么”和“怎么样”两个问题：首先，为什么需要从新人文主义的视角去理解和阐释吴宓的翻译？其次，吴宓的翻译思想和实践与新人文主义的关系是如何体现的？第一个问题是关于选择新人文主义作为研究视点的理据，这一点在上文译学背景、文献综述和理论视角部分都已论及，而且也将会在后文中得到进一步证实，即新人文主义是吴宓整个学术思想的基础，一如吴宓自己所言：“大体思想及讲学宗旨，遵依美国白璧德教授及穆尔先生之新人文主义。”② 吴宓的翻译也不例外，同样是对新人文主义的“遵依”。新人文主义视角的选定是事实本身的呼唤，而非刻意为之。第二个问题是对吴宓翻译思想的新人文主义阐释，这将是本文的重点和难点，对这一问题的

① Cheung, M. P. Y., *An Anthology of Chinese Discourse on Translation*, *Vol. 1*, *From Earliest Times to the Buddhist Project*, Manchester: St. Jerome, 2006.

② 锐锋：《吴宓教授谈文学与人生》，见黄世坦编《回忆吴宓先生》，陕西人民出版社 1990 年版，第 174 页。

解答不仅需要把握并梳理吴宓的翻译思想，更需要对新人文主义以及吴宓的基本学术思想有着相对全面和比较深入的了解。

在此基础上，我们还需要回答一个问题，那就是：吴宓的新人文主义翻译思想得到了怎样的体现？也就是说，在梳理和阐释吴宓翻译思想的基础上，我们还需要考察吴宓的翻译实践，看吴宓如何通过具体的翻译践行并丰富他的新人文主义翻译理念。本书将通过考察吴宓的诗歌翻译和小说翻译来回答这一问题。

因此本书的研究思路可概括为以下几个步骤，每一步也都会用到相应的研究方法。

第一，吴宓翻译思想的系统梳理，主要用文献整理的方法，通过整理总结直接和间接话语而得；

第二，新人文主义翻译理念的概括，主要用演绎推导的方法，在梳理新人文主义基本理念的继承上，围绕翻译学的基本问题，勾勒新人文主义翻译理念的基本框架和核心内容；

第三，论证吴宓的翻译思想与新人文主义翻译理念之间的关联，主要用阐释对比的方法，证明吴宓的翻译思想与新人文主义思想一脉相承，是新人文主义理念的体现；

第四，通过翻译实践论证的吴宓新人文主义翻译思想，主要用阐释对比的方法，结合吴宓的诗歌翻译和小说翻译，论证吴宓如何通过翻译实践，践行其新人文主义思想和理念。

第二章　理论框架：新人文主义及其在翻译中的投射

本书拟从新人文主义的视角阐释吴宓的翻译思想，这绝不是背离研究对象，先入为主地选择某个立场或模式，为证明理论而刻意寻找实例，不是“强制阐释”。① 我们的目的是总结吴宓的翻译思想，并对其做出深刻合理的阐释。综观吴宓的翻译历程和文化理想，不难发现新人文主义在吴宓文化思想和活动中的支配性地位②，因此从新人文主义的视角阐释吴宓的翻译思想并非生搬硬套，而是合理的，自然的，也是必不可少的。

1918 年 7 月吴宓前往波士顿访友，结识了梅光迪，并在梅光迪的引荐下拜见了白璧德，对白璧德学说的倾慕让吴宓在接下来的那个学期由弗吉尼亚大学转入哈佛大学，投入白璧德的门下，由此而开启了他的新人文主义朝圣之旅。新人文主义思想是吴宓学术思想的基础，吴宓对东西新旧文化的态度、对儒家思想和道德的推崇以及他的人生观、文学观都可以追溯到此，吴宓的翻译

① 张江：《强制阐释论》，《都市文化研究》2017 年第 1 期。

② 吴宓在日记、书信甚至诗作中多次表达过新人文主义是他一生之信条与追求，这一点从吴宓友人和弟子的诸多回忆录中也能得到充分的印证。

思想和实践也同样可以回溯到新人文主义中心思想。所以，在总结和诠释吴宓的翻译思想之前，需要对新人文主义思想稍作介绍。

不过，介绍新人文主义的意涵，要面对两大难题或挑战：第一是新人文主义思想的广度和深度，第二是与本书的相关性。首先，新人文主义思想博大精深，其背后蕴含的是整个西方学术思想史，以白璧德（Irving Babbitt）和穆尔（Paul Elmer More）为代表的新人文主义学者遍览古今，通融西东，既有哲学家的严密，又有批评家的洞察，既具科学家的客观，又不失文学家的想象，在论述新人文主义思想和开展新人文主义批评的过程中所涉及的名哲先贤和思想流派名目繁多，所触及的体验域也很广阔。因此，全面了解并详细介绍新人文主义思想绝非易事，即便是一项专题研究也很难做到既精确又全面。其次，本书的目标并不是阐述新人文主义思想，而是论述其与吴宓翻译之间的关系，更确切地说是吴宓的翻译思想背后的新人文主义理据。因此，这里对新人文主义的介绍，既不可或缺，但又不能沉迷其中而脱离研究主线。

鉴于此，本章对新人文主义思想的介绍将以“翻译”为基本着眼点，以新人文主义与译学基本问题的相关性为出发点，以期紧扣研究主线而不致节外生枝，同时也能初步搭建新人文主义与吴宓的翻译思想之间的桥梁。但这么做又存在两大风险：第一，人为地设立一个参照系，是否会影响到新人文主义的整体性和系统性？第二，如果所参照的问题过于复杂，会不会让事情变得更无法收场？对此，首先，这里的目标依然是介绍新人文主义，只不过是以“翻译”为落脚点和归宿，正如新人文主义学者将对人的基本理解投射到“文学”上而形成相应的文学观和文学批评理念一样，这里也将初步尝试把新人文主义的基本思想投射到“翻译”中，以期得到相应的翻译观。其次，所参照的译学基本问题主要是指“译什么”“为什么译”和“怎么译”，就像新人文主义的文学观注重文学的功能和创作过程一样，这些问题比较集中，环环相扣，是翻译思想或理论中的核心问题，另外，这几个基本问题的选定也非任意，而是基于对新人文主义思想的了解。

将新人文主义思想与翻译研究相结合是一个全新的尝试，而新人文主义要义在“翻译”上的投射在很大程度上也就是新人文主义文学观或新人文主义思想在“文学”上的投射的进一步延伸。且先将本章的思路表述如下（见图2－1）。

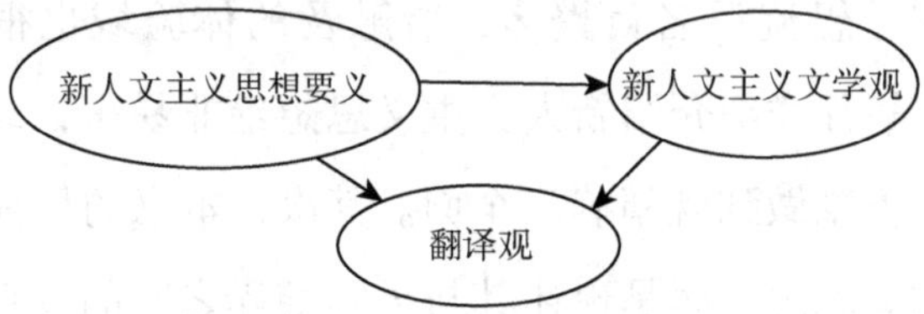

图2－1　从新人文主义到翻译

第一节　新人文主义思想简介

如上所述，这里对新人文主义思想的介绍将不会面面俱到，而是围绕新人文主义的核心思想和以“新人文主义思想如何与译学基本问题相关”这一问题而展开，不过，在介绍新人文主义核心问题之前，需要对“新人文主义”稍做说明。

一　何为“新人文主义”

首先，在“指称意义”上，“新人文主义”（the New Humanism, or Neo-humanism）是20世纪前几十年发生在美国的以欧文·白璧德（Irving Babbitt）、保罗·穆尔（Paul E. More）、薛尔曼（Stuart Sherman）、福斯特（Norman Forester）等人为主要代表的批评运动[①]，所以“新人文主义”通常又被称为美国人文主义（American Humanism），以区别于希腊罗马时期的古典人文主义（classical humanism）、中世纪的基督教超自然人文主义（supernaturalized humanism）、文艺复兴时期的人文主义（Renaissance humanism）以及其他诸如前牛津大学副校长艾伦·布洛克在《西方人文主义传统》一书中所列举的西方人文主义思想流派[②]。

在“蕴含意义”上，所谓“新人文主义”并非是指一种“新”的人文主义，而是指人文主义在新的时代条件下的“复兴”或“再生”（the Renaissance of humanism）[③]。美国人文主义学者在论述这一思想或批评运动的时候，通常都是用“人文主义”而非“新人文主义”。吴宓的老师、新人文主义运动的领袖白璧德的论著中，humanism之前的修饰语更多的是实证、批评、个人、真、伪（positive, critical, individualistic, true, genuine, pseudo-），而不

---

① 部分文学术语集或文学理论集都收录了New Humanism或Neo-humanism的词条，而且对该词条所指涉的批评运动以及该运动的代表人物、主要论著的介绍都基本一致，比如Sutton, W., *Modern American Criticism*, London: Prentice-Hall, 1963, pp. 26－50; Holman, C. H., *A Handbook to Literature* (*6th ed.*), New York & London: Macmillan, 1992, p. 244; Abrams, M. H., *A Glossary of Literary Terms* (*9th ed.*), Boston: Wadsworth Cengage Learning, 2009, p. 118; Cuddon, J. A., *The Penguin Dictionary of Literary Terms and Literary Theory* (*3rd ed.*), London: Penguin Book, 1991, p. 422; *The Princeton Encyclopedia of Poetry and Poetics* (*4th ed.*), Princeton: Princeton University Press, 2012, pp. 565－566。

② Bullock, A., *The Humanist Tradition in the West*, London: Thames and Hudson, 1985. 又见董乐山的汉译（《西方人文主义传统》，生活·读书·新知三联书店1997年版）。值得注意的是，作者在这本书中并没有提及美国人文主义。

③ 参考马西尔的说法，见Mercier, L. J., *The Challenge of Humanism: An Essay in Comparative Criticism*, New York: Oxford University Press, 1933。

是新或旧。以吴宓和梁实秋为代表的白璧德的中国门人[①]在述译和介绍这一思想时，使用的也是“人文主义”而非“新人文主义”。人文主义无论其孕育、诞生或兴起的年代和地域有何不同，在本质上都强调人之为人的尊严或人之区别于物而具有的永久性价值，从这个意义上说，“人文主义”只应该有是非真伪之分，而无古今新旧之别。鉴于新人文主义者对文化传承的态度，如果“新人文主义”之说给人造成了标新立异、破旧出新、是此非彼、厚今薄古的感觉，那一定是运动的主将们最不希望看到的事情。

“新人文主义”之说最初由谁提出，现已无法考证，上文注解所示的书目在释义这一词条的时候也并没有提到出处，不过1946年10月初入武大的吴宓在接受记者采访时说自己的大体思想及讲学宗旨都是“遵依美国白璧德教授及穆尔先生之新人文主义”。[②] 其实，早在1935年出版的《吴宓诗集》中，吴宓就提到过“新人文主义”：“宓又按美国白璧德 Irving Babbitt（1865—1933）师，倡道所谓新人文主义，欲使人性不役于物，发挥其所固有而进于善。”[③] 后来，吴宓的好友、史学家缪钺在追忆吴宓时说：吴宓在哈佛大学受教于白璧德先生，习西洋文学，“服膺新人文主义”，在提到他们的另一位好友、学衡同人，也曾于20世纪20年代受教于白璧德的郭斌和时也说了同样的话[④]。结合白璧

---

① 白璧德的中国门人主要以学衡派的相关人士为主，比如梅光迪、汤用彤、郭斌和等人，详见吴宓《悼白璧德先生》，《大公报·文学副刊》1933年12月25日第312期。梁实秋、林语堂也是白璧德的门人，二人为新人文主义在中国的传播也做出过贡献（详见朱寿桐《新人文主义的中国影迹》，中国社会科学出版社2009年版），不过他们的理念与学衡派还是有所不同，这里暂不赘述。

② 锐锋：《吴宓教授谈文学与人生》，见黄世坦编《回忆吴宓先生》，陕西人民出版社1990年版，第174页。

③ 吴宓：《吴宓诗话》，吴学昭整理，商务印书馆2007年版，第188页。

④ 缪钺：《回忆吴宓先生》，见黄世坦编《回忆吴宓先生》，陕西人民出版社1990年版，第2、4页。

德在20世纪30年代之前的表述以及20世纪30年代初“新人文主义阵营”同其反对派的一些论争，可以推知：“新人文主义”之说大概是在20世纪30年代之后逐渐兴起的。

美国人文主义作为一种批评运动，在具体内容上由于融合了印度佛教关于人性的认识而大异于希腊罗马时期的古典人文主义，在时代背景或批评的针对性上也有别于文艺复兴时期的人文主义，这些“新意”对于正确理解新人文主义思想要义和批评精神不可或缺。有鉴于此，本文将坚持使用“新人文主义”而非“人文主义”。另外，鉴于白璧德在美国人文主义运动中无可争议的领袖地位，再加上白璧德与吴宓的师生关系，本书所援引的“新人文主义”主要基于白璧德的学说，相关的引证或论述也将以白璧德及其门徒友人的主要著述为首要参考。

二　新人文主义思想要义

人文主义是相对于自然主义和超自然主义的第三种人生态度，是关于人之本性（human nature as such）的学问，是对“人之所以为人之道”[①]、人之别于万物之根本[②]、人之超越时间境遇而恒定不变并以之与他人连接在一起的要素[③]的研究。

新人文主义的思想要义可见于新人文主义学者马西尔（L. J.

① 吴宓：《白璧德中西人文教育谈·编者识》，《学衡》1922年第3期。

② Babbitt, I., “Humanism: An Essay at Definition”, In Foerster, N. ed., *Humanism and America: Essays on the Outlook of Modern Civilization*, New York: Farrar and Rinehart, 1930, p. 28.

③ Babbitt, I., “Humanism: An Essay at Definition”, In Foerster, N. ed., *Humanism and America: Essays on the Outlook of Modern Civilization*, New York: Farrar and Rinehart, 1930, p. 32.

Mercier)[①] 在《美国人文主义与新时代》中的概括：

> 美国人文主义是指发生在美国的为重新植入关于人的一种理念而做出的努力，这一理念是：人在本性上独一无二，兼具精神与物质，而不是由单纯的物质进化而来。这一对人的理念不仅意味着对人性中同时存在两种不同元素的认可，也意味着对各种将人、自然、上帝混为一谈的理想化信条的坚决反对。因此，美国人文主义是二元的，反对一切形式的自然主义一元论。[②]

由此可见，新人文主义思想的核心是人性二元论（dualistic view of human nature)[③]，批评的对象是自然主义一元论（monistic naturalism)，基本目标是重申近现代以来因对个性解放和物质进步的片面追求而不断被遗弃、进而造成近世文明危机的人之为人的本性，以防止人类在“新野蛮主义”（Neo-Barbarism)[④] 的状态中愈陷愈深，如图2-2所示。

相对于古典人文主义，新人文主义之“新”突出体现在对“理智”（mind；intellect；reason）的认识和划分上。前者对于人

---

① 美籍法国人，白璧德的门人，为美国人文主义思想在法国的传播做出了重大贡献，吴宓所译的《白璧德之人文主义》（《学衡》1923年第19期）即是他为向法国人介绍新人文主义而对白璧德学说的概述。另外，他深得白璧德的“真传”，对新人文主义思想的介绍不仅简洁，也清晰精到。

② 自译，原文见 Mercier，L. J.，*American Humanism and the New Age*，Milwaukee：Bruce，1948，pp. v-vi。

③ 这里的“二元论”之说遵从了吴宓的表述。需要指出的是，本文以及新人文主义框架内的“二元论”（dualism）强调的是二元统一，而不是后来的结构主义和解构主义思潮下的“二元对立”（binary opposition）。

④ Mercier，L. J. W. C.，Brownell and Our NEO-BARBARISM，*The Forum*，June，1929：376-381. 又见乔友忠译《布朗乃尔与美国之新野蛮主义》，《学衡》1931年第74期。

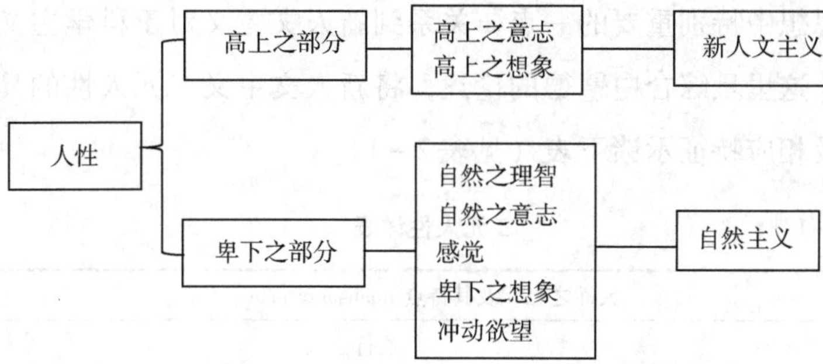

图 2－2　新人文主义二元人性图①

性之二元的认识体现于西塞罗（Cicero）的总结：

> 人之心智在自然构成上是二重的：一重是欲望，希腊人称之为冲动，人受其驱使而骚动不宁；另一重是理智，人受其导训而知何去何从。所以，通常是理智发号施令，欲望且遵且依。②

古典人文主义将人性之二元理解为“欲望”与“理智”，然而，白璧德从印度佛教关于人性和理智的认识中得到启示，认为理智或知识同欲望一样，具有不确定性，对理智的过分崇拜同样会导致人性的沦丧，在他的新人文主义思想框架内，理智被放置在人性之卑下的部分，以此强调理智或知识对道德或意志的服务或遵从，以克服“知识即权力”之一元论的偏颇③。这是新人文

---

① Mercier, L. J., *The Challenge of Humanism: An Essay in Comparative Criticism*, New York: Oxford University Press, 1933, p. 167.

② 自译，见 Babbitt, I., *On Being Creative, and Other Essays*, Boston & New York: Houghton Mifflin Company, 1932, p. xv。

③ Babbitt, I., *Democracy and leadership*, Boston & New York: Houghton Mifflin Company, 1924, Chapter V. Europe and Asia. 又见吴宓译《白璧德论欧亚两种文化》，《学衡》1925 年第 38 期。

主义思想中特别重要的一点，关系到新人文主义对于科学主义的批评。这里且综合白璧德的论述，将新人文主义二元人性的具体内容及相应特征示诸下表（见表2－1）。

表2－1　　二元人性详表

人性之二元及其特点 dualism of man	
甲行	乙行
Vital impulse（élan vital）生命之冲动	Vital control（frein vital）生命之控制
Lower will 卑下之志	Higher will 高上之志
Natural/Ordinary self 物性/普通之自我	Ethical/Higher self 伦理/高上之自我
Impressions，impulse，desires，temperament，spontaneity 印象；冲动；欲望；感性	Inner check，control，restraint，veto power，内在规劝，控制，节制，否决权
Curiosity，novelty，uniqueness，intensity 新，奇，异，烈	Normal，universal，moderation，measure 规范；普遍；中节；合度
Diversity 多样	Unity 统一
Expansive 博放	Concentration 精约
Centrifugal 离心	Centripetal 向心
Flux，drift 流变，飘忽	Permanent，transcendental 恒定，超验
Anarchy，anti-traditional 无政府；反传统	Decorum；standard；discipline；model；imitation 礼；标准；纪律；典范；模仿
Many 多	One 一

二者之中，甲行代表着人的物性或人之同于万物的地方，以博放、多样、相对为基本特征，乙行则是人之为人的基本体现，表现为对人之物性或博放之欲的规劝与约束，具有永恒性和普遍性。新人文主义思想的要义就是在承认人性二元论的基础上，呼吁二者的统一和平衡，以造就完善之个人（the complete man）或实现个人全面之发展（rounded development of the individual），白璧德论著中频频出现的用以表述新人文主义思想要义的关键词，诸如“适度”（measure）、“平衡”（balance/poise）、“规劝”（check）、“节制”（constraint）、“控制”（control）、“调和”（mediation）、“适中”

（moderation）、“勿过”（nothing too much）、“统一”（unity）、“选择”（selection）、“标准”（standard）、“中庸”（the golden mean）、“谦卑”（humility）等，所传达的也正是对二元人性的统一和兼顾。

新人文主义批评的矛头则主要指向以培根（Francis Bacon）为源头的科学实证主义（scientific positivism）和实用主义（utilitarianism），以及由卢梭（Rousseau）所开启的情感主义（sentimentalism）为代表的自然主义一元论，即片面强调人的物性或自然属性，如甲行所示，要么无视或忽略乙行，要么试图将“物质之律”推衍至人文的领域，表现为人道主义（humanitarianism）的扩张和蔓延，从而导致了人性的沦丧、人心的迷失、思想的混乱和文明的堕落。

为了更清楚地表明新人文主义对于人性的认识和对自然主义一元论的批评，这里且引用马西尔在总结白璧德新人文主义思想时所画的概图（见图 2－3）。[①]

新人文主义批评运动也就是广泛结合古今东西对于人之本性的认识，同时求诸人之体验，论证人性二元论的合理和必要，并由此展开对近代以来深刻影响了文明走向的自然主义一元人性论的批评。

三　新人文主义思想要义与吴宓之“博放之世”

吴宓对新人文主义思想要义的理解和诠释，特别是对核心术语和概念的转述，是非常重要的研究话题，但鉴于该话题过于广博，这里且集中论述与翻译相关性较高的一点：新人文主义在吴

① Mercier，L. J.，*The Challenge of Humanism：An Essay in Comparative Criticism*，New York：Oxford University Press，1933，p. 169.

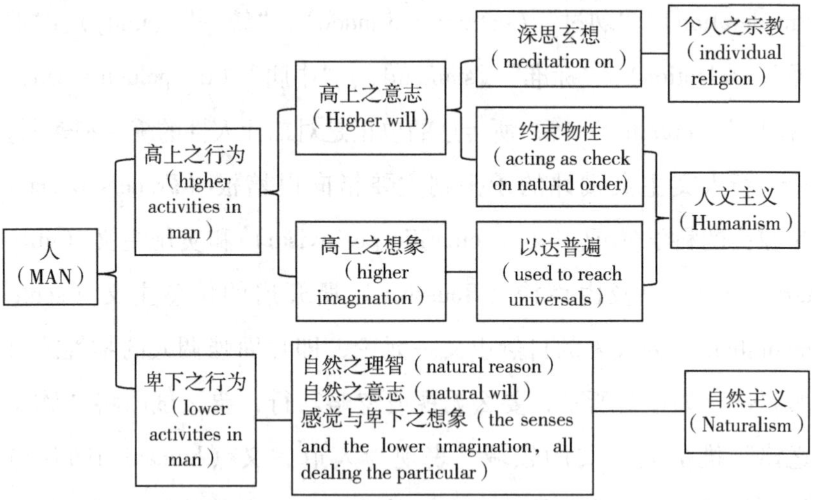

图 2－3　人类体验和行为全景

宓学术思想中基础性地位首先体现在吴宓据此而形成的对时局的认识、判断和概括，这是他翻译思想的基本时代背景。

吴宓本着新人文主义对于二元人性论的论述，根据不同时代对于人性两个方面的偏重程度而区分了“精约之世”（age of concentration）和“博放之世”（age of expansion），并指出：“近世为博放之世，已偏于 Many，故须趋重 One，以救其失也。”① 在这一沉迷于“多”、偏于“博放”的时代，“学术思想混乱，精神迷离痛苦，群情危疑惶骇，激切鼓荡，信仰全失”。② 西方近世以来，在情感功利主义思潮的冲击下，基督教和希腊古典两大人文传统不断消亡，人之物性或博放之欲得到了扩张和满足，但人之本性

① 吴宓：《文学与人生》，王岷源编译，清华大学出版社 1993 年版，第 86 页。此外吴宓在《我之人生观》（《学衡》1923 年第 16 期）和《论事之标准》（《学衡》1926 年第 56 期）中也深刻论述过时代的“博放性”。

② 吴宓在《欧洲战后思想变迁之大势与吾国人应有之觉悟》（《大公报·文学副刊》1928 年第 3 期）中介绍了一战之后西方思想的变化，特别重要的是：吴宓告诫国人，须对欧美战后之思想流派要有全面的理解和认真的研究，不可盲目趋从或偏激。

却在泯灭和丧失。新文化运动在一定意义上说是重蹈西方的覆辙，在反对儒家思想的形式的同时，连同儒家思想的精义即人文精神一同摒弃，而新文化派在民主和科学的大旗下所致力于“开启民智”和“科学进步”等事，在新人文主义人性论的框架下，是片面注重对人性之卑下部分或者说人之物性的满足和追求，忽略了人之为人的本性或人文性。正因为如此，吴宓才会坚持代表着人文精神、致力于二元人性之统一的儒家思想和传统道德，论述并推介人文主义的人生观，以调剂博放之偏。吴宓的翻译思想及实践，无论是对原文的选择还是具体转换过程，都与吴宓对新人文主义二元人性论的理解和应用息息相关。

第二节　新人文主义文学观与吴宓

文学的比较和批评是新人文主义思想的缘起，因为白璧德本来是在哈佛大学法国文学系从事比价文学的研究，但他并不满足于对作品之渊源、影响和相互关系等微观层面的研究，而是希望通过考察不同文学传统背后的思想运动，找到某种普遍性因素或永恒的价值，因为如果没有这种因素或价值，文学批评即会失去标准而沦为相对主义，而近现代以来日益盛行的浪漫主义和科学主义要么过于沉迷于印象与情感，要么过于强调“物质之律”，并试图将其这种以流动、变化和相对为特征的物质之律推至“人事之律”①。

---

① “物质之律”和“人事之律”分别对应于“law for things”“law for man”，源出美国超验主义大家爱默生（Ralph Waldo Emerson）的诗作“Ode，Inscribed to William H. Channing”，文中的提法出自吴宓《白璧德之人文主义》，《学衡》1923年第19期。这是白璧德论述新人文主义思想的重要理据和引证，详见《文学与美国大学》（*Literature and the American College*，1908）首篇《何为人文主义》和《卢梭与浪漫主义》（*Rousseau and Romanticism*，1919）前言。

另外，文学又被视为“人文主义重建”（humanistic reconstruction）和人文教育的重要手法。鉴于文学观和文学批评思想在新人文主义思想中的重要地位，更鉴于新人文主义的文学观与吴宓的诗学观和翻译观之间的密切联系，比如对原文的鉴别批评和对翻译策略的选定的直接影响，本节将对其作适当介绍。

新人文主义的文学观，简单来说就是“一多统一”的二元人性观在文学中的投射，或者说是由此对诸如文学之宗旨、文学之创作、文学之形式、文学之价值判断（即标准）、对待古典的正确态度等基本问题的认识和回答，新人文主义的文学批评即是根据文学作品对人文精神的彰显程度而展开的价值判断。在新人文主义学者看来，由于古典（classics）① 是完美呈现或诠释人文主义精神的文学作品，因此人文主义精神通常又被称为古典精神（classical spirit）。为具体表述新人文主义之对二元人性论的坚持和对自然主义一元论的批评在文学领域的投射，这里且根据白璧德的论述②，

---

① Classic 一词，有很多译法，《学衡》杂志中两篇介绍古典思想的译文所用的词也不尽相同，而且两篇译文同出年轻学子徐震堮之手，在《圣伯甫释正宗》（《学衡》1923 年第 18 期）一文中他用的是“正宗”之说，对应于法语词 *classique*，在三个月之后所发表的《柯克斯论古学之精神》（《学衡》1923 年第 21 期）中使用“古学之精神”之说，对应于英文的 classical spirit。吴宓在《圣伯甫释正宗 · 编者识》中解释说，classique 是指“文章中极精美之名篇杰作，可永为后人诵读揣摩”，认为徐震堮将 classique 译为“正宗”与“吾国旧所谓古文正宗、骈体正宗之意”相似，而当时流行的译法，即“古典”和“古典主义”，则大错特错，因为“古典”容易造成“堆积典故”之意，而 classicists 的行文最注重是“简洁明显”，绝非堆积典故。因此，吴宓说，宜将 classicism 译为“精正主义”，即“精典正宗”，romanticism 也宜由“浪漫主义”改为“奇美主义”，以彰显该词“strangeness added to beauty”之意。最后吴宓补充说，如此改译可能会显得生疏，退而求其次可选择“古学派”或“古学主义”，虽差强人意，但也好过“古典主义”。而且在吴宓的写作中（如《论今日文学创造之正法》，《学衡》1923 年第 15 期）也可以见到“古学派”“伪古学派”甚至最简单的“名篇”之说。鉴于“古典主义”“浪漫主义”等表达方式由来已久，且广为接受，本文亦从“古典”之说。

② 如上所述，文学是白璧德人文主义批评的起点和主阵地，散见于《文学与美国大学》（*Literature and the American College*，1908）、《新拉奥孔》（*The New Laokoon*，1910）、《近世法国批评大家》（*The Masters of Modern French Criticism*，1912）、《卢梭与浪漫主义》（*Rousseau and Romanticism*，1919）、《论创造》（*On Being Creative, and Other Essays*，1932）各章节。

再结合上文所述，作图如下（见图2－4）

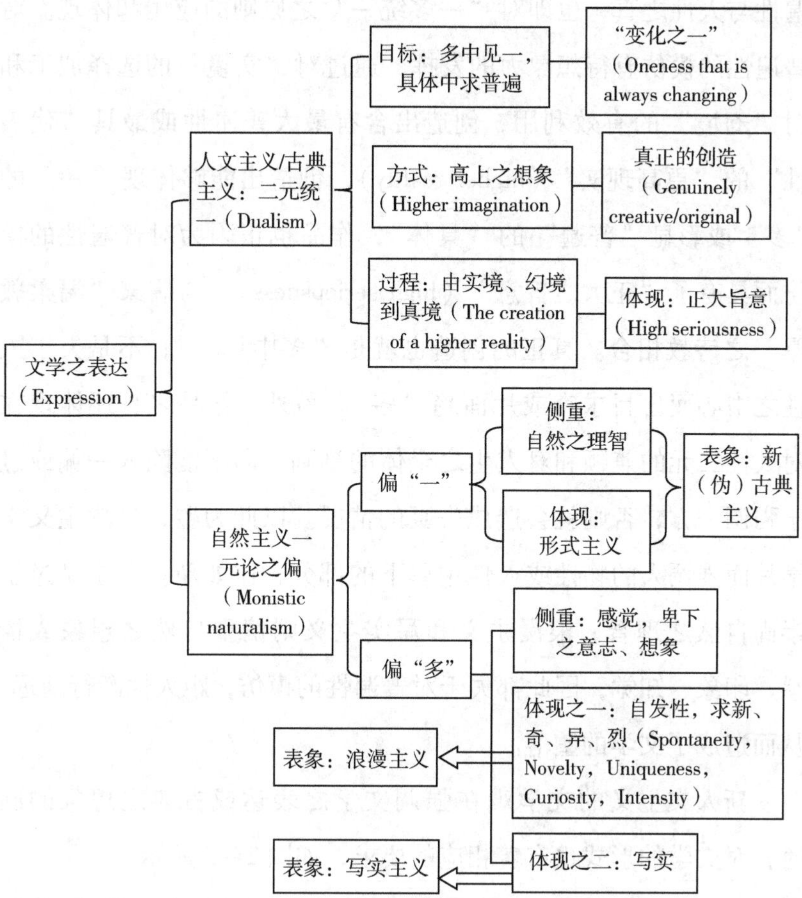

图2－4 人文主义二元人性论与文学表达①

人文主义所关注的焦点是人，以对人性的认识为基础，致力于促进个人之全面发展和人之内心的安宁与真正的幸福。这赋予了文学反映普遍人性、促进个人之完善的人文教化功能，方式或手法是求真和尽美。因此，文学的本质也即如亚里士多德所言，

① 关于新人文主义"一多统一"的文学观，还可参考吴宓《文学与人生》，王岷源编译，清华大学出版社1993年版。

是对普遍性的模仿，文学作品的价值也就取决于其中所包含的普遍性与人性之真，也即对“一多统一”之原则的应用和体现。对普遍性的模仿有待想象力的发挥，通过对“实境”的选择加工和对“幻境”的有效利用，创造出含有最大普遍性或最具“代表性”的“更高现实”（higher reality），创造出能够体现“一”的“多”或彰显“普遍”的“具体”，作品也正因为对普遍性的模仿而具有了“正大之旨意”（high seriousness），与儒家“温柔敦厚”之诗教相合。真正的创造也就是“多中见一”，不是失于人性之中心而盲目求奇或片面趋“多”。另外，作品之真还体现在对人性二元的兼顾和对人生之全体的刻画，即不能陷入一偏或过于强调一方，否则就会造成失真的情况。以此为鉴，自然主义文学片面强调人的物性或人性中卑下的部分，比如新古典主义过于崇尚自然之理智，浪漫主义和写实主义则偏重自然之想象或情感、印象、知觉，因此都失于对普遍性的模仿，距人性渐行渐远，从而造成了文学的堕落。

新人文主义的文学观在强调文学之表达或古典之想象的同时，对文学的形式也有着相应的要求，如图2－5所示。

文学是一种艺术，自然也有美的要求，即文学的形式问题。如果说“表达”代表着博放之欲，预示着一种“离心式”冲动和向外扩张之欲望，那么形式则代表着精约之律，是一种“向心式”的作用力[①]。正如人如果要保持人性就不能博放率性纵欲，而须节制精约，以得内心之统一和完善，作品如果要保持其人文

---

① 白璧德指出：“如果要对美做出合理的分析，就必须要同时意识到两种因素：一是表达，以博放和冲动为特征；二是形式，主于约制和约束。”Babbitt，I.，*The New Laokoon：An Essay on the Confusion of the Arts*，Boston & New York：Houghton Mifflin，1910，p. 226。

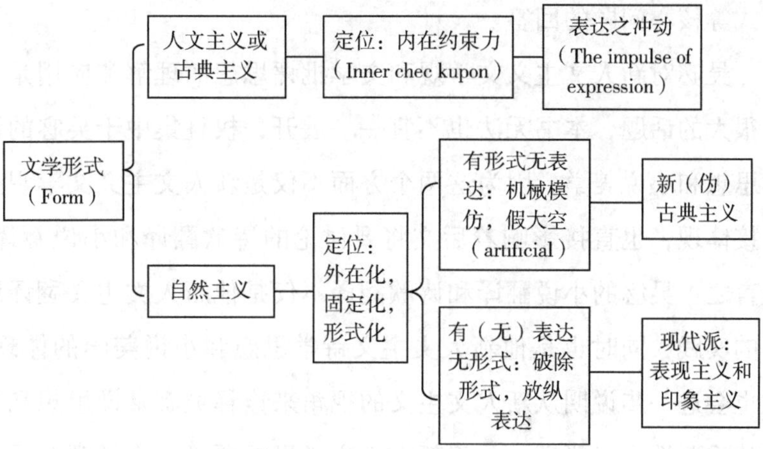

图2－5　“一多统一”与文学的形式

性，就必须以精约之形式约束博放之表达，做到表达与形式的二元统一，毕竟“美具体来说就是完美之形式与生动之想象的结合”[①]。因此，形式在新人文主义美学中并不是外在的固定的机械的规则或教条，而是一种内在节制力，用以约束表达之冲动，从而使作品符合统一（unity）、均衡（proportion）、协调（harmony）、有序（order）、对称（symmetry）、合度（measure）之原则。自然主义一元论则将“形式”外在化、固定化，通常表现出两种极端倾向：要么走向片面模仿外在形式规则、不重内在表达的形式主义一端，如伪古典主义；要么走上了放纵表达之欲而无视形式的一端，如表现主义或印象主义。

以上两图所表述的是新人文主义“一多统一”之二元人性观在文学中的投射以及新人文主义文学批评思想的基本内容，涵盖了对文学的价值和功能、主题或模仿对象、创作过程和手法以及

① “In the concrete beauty is the union of the shapely and the vital”，Coleridge 言，转引自 Babbitt，I.，*The New Laokoon：An Essay on the Confusion of the Arts*，Boston & New York：Houghton Mifflin，1910，p. 228。

形式等核心问题的回答。

吴宓对新人文主义文学观和文学批评思想的理解和应用是一个很大的话题，本书无法也不宜一一展开，权且集中于吴宓的诗学思想和小说美学，因为这两个方面不仅是新人文主义文学观的直接体现，也直接影响着后文将要讨论的诗歌翻译和小说翻译，换言之：吴宓的小说翻译和诗歌翻译不仅是他新人文主义翻译思想的实践，同时也是他新人文主义诗学思想和小说美学的体现，这也会进一步说明从新人文主义的视角来诠释吴宓翻译思想和实践的重要性和必要性。关于新人文主义思想要义和文学观对吴宓的影响，我们可以从吴宓所主讲《文学与人生》的课程说明中找到直接的证据，他指出，这门课程有自己“一贯综合之人生观”，方法是“以古今东西圣贤哲士之著作教训为根据，以日常生活现今社会之事象为例证”，以“一多”与“两世界”为“两大根本要义”①；另外，吴宓也多次强调说“一多”与“两世界”是自己所信奉的两大人生要义。“一与多”的统一以及“真幻”两个世界的关系是对新人文主义思想要义的精确概述②，吴宓的诗学思想和小说批评也正是围绕这两大要义而展开。这里权且论及吴宓的文学观与新人文主义文学观之间的联系，吴宓的新人文主义诗学思想和小说美学由于对吴宓的诗歌翻译和小说翻译的影响更为直接，故将会在诗歌翻译和小说翻译部分进一步论述。

---

① 锐锋：《吴宓教授谈文学与人生》，见黄世坦编《回忆吴宓先生》，陕西人民出版社 1990 年版，第 174 页；又见吴宓《文学与人生》，王岷源编译，清华大学出版社 1993 年版，第 12—15 页。

② 吴宓：《文学与人生》，王岷源编译，清华大学出版社 1993 年版，第 150—162 页。另外，吴宓发表在《学衡》及其他期刊上的文章，如《文学研究法》《论新文化运动》《诗学总论》《论今日文学创作之正法》《我之人生观》《立论之标准》等，都可以清晰地看出吴宓的新人文主义文学观。

第三节　新人文主义翻译观

上两节分别介绍了新人文主义思想的基本内容和新人文主义文学观，并根据二者与吴宓翻译思想和实践的相关性介绍了吴宓对此的部分理解和应用，本节将集中论述新人文主义的翻译观或新人文主义思想在翻译领域的投射，主要目的并非标新立异，要在名目繁多的译论之林再树立起一个理论框架，而是为了说明吴宓的翻译思想与新人文主义之间的渊源，为论证吴宓翻译思想的“新人文主义性质”做好充分的理论准备，当然，这一理论视角自然也会在不经意间加深我们对翻译的理解，深化翻译之内涵，拓宽翻译之外延，甚至对翻译学学科的发展也会有所贡献。

马西尔在总结美国新人文主义的时候指出：“某一时代的文明发展程度与该时代占主导地位的人性论息息相关”，① 西方自古希腊以来的学术思想史已经生动地说明了这一点。翻译作为一种文化活动，与文明发展休戚相关，由此推知，某一时代的整体翻译态势也会受制于该时代占主导地位的人性论，再进一步说，译者个体的人生观或人性论也同样会在翻译中留下深刻的印迹。这里且不论自然主义一元人性论，比如新古典主义或浪漫主义，如何影响到相关时代的翻译观或翻译态势，也暂略过五四时期新文化派的人性论在当时的翻译中的投射，而试图根据新人文主义的人性论和文学观，初步回答“为什么译”“译什么”“怎么译”这三个译学研究中的核心问题，以初步形成新人文主义的翻译观，如图 2 –6 所示。

---

① Mercier, L. J., *The Challenge of Humanism: An Essay in Comparative Criticism*, New York: Oxford University Press, 1933, p. 3.

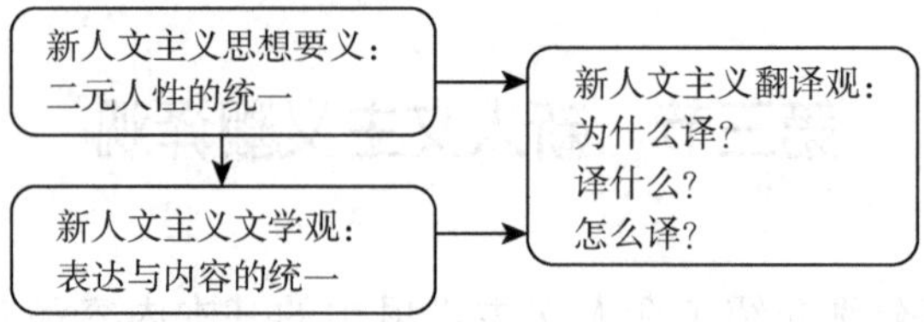

图 2-6 新人文主义翻译观的渊源

一 翻译的功能：人文教化和人文重建

新人文主义翻译观首先需要回答的问题是“为什么译”，即翻译的目的和功能。这一功能的确定主要体现于两个方面：第一是对“人”或“人性”的功能，第二是对重建人文精神的作用。

首先，新人文主义对于人的认识和理解赋予了文学“仁”的功能，翻译也同样如此，人本身的进步或者说人性的统一构成了文学和翻译的最终目的和归宿。为了进一步显示新人文主义的人性观赋予翻译的功能，我们且将其与自然主义一元人性论所赋予翻译的功能稍做对比，这里且以白璧德所区分的分别以培根和卢梭为代表的功利主义（utilitarianism）和感情主义（sentimentalism）两种一元论作为比对的对象，如图 2-7 所示。

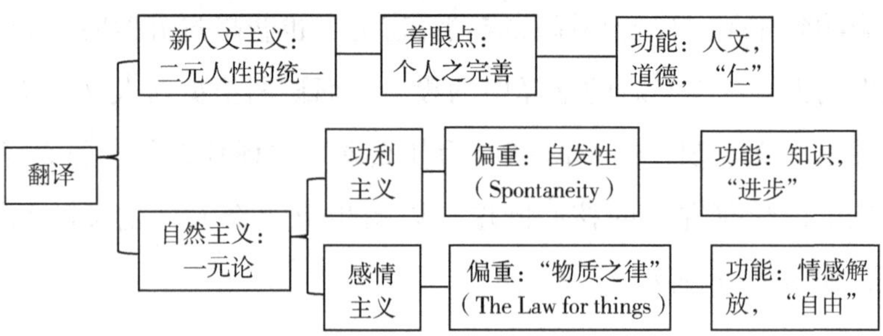

图 2-7 人性观与翻译功能

如图 2－7 所示，也结合图 2－2 关于人性的展示，在这两种偏重人之物性或人性中卑下之部分的自然主义人性观中，功利主义侧重“物质之律”而忽略“人事之律”，偏信“进步之说”[①]，因此功利主义的视角会突出翻译对于知识扩张或物质进步的作用；感情主义注重“感觉”“卑下之想象”“冲动欲望”，致力于将自发性、情感和想象力从各种限制——不论其是新古典主义的外在限制还是古典主义的内在制约——中解放出来，因此感情主义或浪漫主义所赋予翻译的功能是破除“枷锁”，寻求情感的扩张和个性的表达，满足猎奇求新的欲望。需要说明的是，新人文主义并不是盲目反对科学进步或情感表达，只是强调：第一，知识、科学属于“自然”或“多”的范畴，不宜“越级”而将其推至“人文”的领域，毕竟“物质之律”和“人事之律”是“相互不可调和”的不同领域，否则科学就会沦为伪科学，另外，知识的扩张和科学的进步本身不是目的，而需要以对人性的提高为归宿；第二，个人之自由、情感和想象不能脱离人性的中心而散漫无羁。

与自然主义一元论不同，新人文主义之“一多统一”的二元人性论所赋予翻译的功能是：通过对人性之真和全的展示，促进“人”的完善和道德的进步，即人文教化的作用。

其次，新人文主义之“一多统一”的思想赋予翻译的另一大功能是促进“人文重建”（humanistic reconstruction）。新人文主义

① “the idea of progress”，认为“后来者必居上，晚出者必胜，万事万物，均循一直线前行，历久不息，而益臻于美善”，这一观念是“今世最大之迷信”，是造成“今世思想精神之淆乱、文学美术之衰败”的一大主因（吴宓：《柯克斯论进步之幻梦·编者识》，《学衡》1924 年第 27 期）。在新人文主义学者们看来，进步之说笃信“物教”，至少有两大谬误：首先就是以新旧为价值判断的标准，致使人们无视传统，盲目趋新；然后就是过于强调物质之进步（material progress），忽略了对应于“人事之律”的道德进步（moral progress）。另见 Babbitt，I.，*Democracy and leadership*，Boston & New York：Houghton Mifflin Company，1924，pp. 3，23。

之“人文重建”包含着两层含义：第一是针对新人文主义思想本身而言，第二是相对于新人文主义所针对的时代条件而言。首先，新人文主义思想在强调或坚持的“一”的同时并没有否认或忽略“多”，而且新人文主义所坚持的“一”并不是外在、固定、形式化的教条或一旦达成即永久不变的某种定律，而是动态和富于变化的（Oneness that is always changing），[①] 因此每个时代都会面临着“人文重建”的任务，即需要根据特定时代的经验去把握这个动态的“一”，因此真正的人文主义是本于经验（experiential）、富于批评（critical）、崇尚实证（positive）的，核心思想也就是对待新与旧、传统与现代的态度：一方面由于普遍之“天理人情”在传统或古典中已经得到了完美的诠释和展现，因此需要尊崇传统；另一方面由于每个时代不可避免地又有其特点和新意，在以传统为鉴的同时，又不能守旧。[②] 白璧德在《近世法国批评大家》中针对批评界因沉迷于自然主义一元论而失于标准、陷入混乱的情况时说道：

> 我们所需要的是这么一种批评家，他的纪律和选择基于传统，但却不守旧，在承袭传统的同时又能进行艰苦卓绝的思考与跟进，力图使过去的体验适应当前之变化的需求。[③]

尊重传统而不守旧，致力于对“动态之一”的把握，突出实

---

① Babbitt, I., *Rousseau and Romanticism*, Boston & New York: Houghton Mifflin Company, 1919, p. xiii.

② Babbitt, I., “Humanism: An Essay at Definition”, In Foerster, N. ed., *Humanism and America: Essays on the Outlook of Modern Civilization*, New York: Farrar and Rinehart, 1930, p. 42.

③ 自译，原文见 Babbitt, I., *The Masters of Modern French Criticism*, Boston & New York: Houghton Mifflin Company, 1912, p. 362。

证和批评，这是从新人文主义本身即“一多统一”的角度而言的“人文重建”。

其次，针对近世以来，人文主义的传统和精神在自然主义一元论的冲击下消亡殆尽，人性和文明面临着重大危机，“人文重建”也就是要将人文主义精神重新植入现代社会。对此，新人文主义学者马西尔说：

> 为实现人文主义的重建，我们需要在某一时代可能拥有的有限体验中加入其他时代的智慧，这种智慧的取得离不开高级想象力的发挥，而且不仅有赖于对我们自身以及我们所处时代之体验的把握，更离不开对民族之整体历史体验的理解，这一历史体验通常又体现于历史之伟大见证者的思想记录。①

结合白璧德对传统与现代之关系的说法，“人文重建”的过程也就是将传统之精义带入现代社会而实现传统与现代的二元统一：既不盲从现在之“多”，一味遵从“进步之说”，厚今薄古；又不偏信传统之“一”，固守传统之形式而不顾时代本身的变化和特点，厚古薄今，所以人文主义学者的任务就是：

> 条分缕析文化传承，使传统之精魂得以为继，从而使偏居于一隅、转瞬即逝的现代人得见文明之全体，使过去之经验成为审视评判当前行为之资。②

① 自译，原文见 Mercier, L. J., *The Challenge of Humanism: An Essay in Comparative Criticism*, New York: Oxford University Press, 1933, p. 74。

② 自译，原文见 Sutton, W., *Modern American Criticism*, London: Prentice-Hall, 1963, p. vii。

既然人文主义学者的任务是“将过去带入现在”（bring the past into the present），人文主义译者的任务则是要引进外国文化传统，以期在某一时代的有限体验中，除了加入整个民族之历史体验和传统智慧之外，同时加入其他民族或其他文化群体的体验和智慧，让外来和传统共同参与现代社会的“人文重建”任务。不过，需要说明的是，虽然面向“人文重建”的翻译包括文学翻译，但更主要的却是指对外国文化要义和思想传统的翻译，比如《学衡》杂志在吴宓的主持下对柏拉图、亚里士多德等希腊古典作品的翻译。为了达成“人文重建”的目标，新人文主义的翻译不仅需要在选材上下足功夫，也同样需要针对时局的偏向而展现出相应的形态。

二　原文的选择：古典主义的批评过程

上一节回答了新人文主义视角下“为什么译”或翻译功能的问题，接下来的问题是翻译的这一功能如何实现，这又分解为“译什么”和“怎么译”两个问题，后一个问题将在下一节解答，本节集中解决新人文主义翻译之原文选择的问题。

其实，上节在论述新人文主义翻译之“人文教化”和“人文重建”的功能时就已经隐含了翻译对象的选择标准，新人文主义翻译之原文选择过程也就是根据新人文主义的批评标准而对原文开展的批评、鉴别和遴选活动。以文学翻译为例，根据新人文主义文学观之对于文学表达和形式的论述①，可以推知新人文主义文学翻译的选择标准即为“古典精神”，这里且引用柯克斯

① 详见图2.6与图2.7。

（Keyon Cox）对“古典精神”的界定，以进一步明示：

> 古典精神就是对完美的无私探求，对简明、合理、自制的崇尚，尤其是对永恒和承袭的热爱。它要求一部艺术作品不必新奇或有效，但须精当和高贵；它致力表达的不仅仅是个性或情感，而是有约束的情感和有节制的个性；力求反映的是本质、永恒和普遍性，而不是偶然、瞬间或个性；其灵感通常来自日月四季之有序轮回，而非地动山摇或暴风骤雨的猛烈；它甘受传统的浸染，希望每一部魅力十足光辉四射的新作能与过去的名家名作交相呼应而融为一体；它并不否认新意和个性，因为这在所难免，也不会墨守成规，故步自封；它要求对于真与美的每一次呈现，在内容上须与过去一致，但在呈现的视角和方式上须有所不同；它希望一点一滴地丰富传统，并最终成为传统链条中的一环，而不是与之脱节。①

具有“高大之旨意”（high seriousness），即所创造出来的“高级现实”（higher reality）能够尽可能“全”面地展现人性之真和人生之全体或具有最大程度的普遍性与代表性，同时又具备与该主题相适应的完美形式，这样的作品通常会备受青睐，这类的古典作家通常是译者的首选，因为他们是：

> 能够使人之心智得到增益、拓展和提高的作家；能够发现德之要义，或诠释人之内心的某种永恒的情感；不论以何

① 自译，原文见 Cox，K.，*The Classic Point of View：Six Lectures on Painting*，New York：Charles Scribner's Sons，1919，pp. 3 – 5。徐震堮的译文见《柯克斯论古学之精神》（《学衡》1923 年第 21 期）。

> 种形式，他所表达出来的思想、体察或见解总是广阔而伟大，精到而合理，深刻而优美；而在风格上，他既有对传统的承袭，又有对时代的回应，既具新意，又不失诡异，都能经久不衰。①

自然主义一元人性论主导下的作品，从只有表达而缺少形式、只有形式而缺乏表达，到既没有表达又不注重形式，其翻译的价值则依次递减。针对为片面追求“自发性”而力主打破各种形式约束的“现代派自由狂”，白璧德不无尖刻地说：“如果真正的艺术是言之有物且出之以简的话，现代艺术的特点简直就是言之无物、故弄玄虚、不知所云。”② 这种作品会受到一味追求自由和解放的自然主义翻译的追捧，而旨在凸显人文教化、重视文学之“仁”的新人文主义翻译自然则会避而远之。

这里且根据新人文主义的文学观和文学批评思想，结合上节对新人文主义翻译之功能的论述，将新人文主义翻译之原文选择过程和取向表述如下（图2-8）。

同理，对于旨在凸显“人文重建”的新人文主义“文化”翻译，在选择原文上则会坚持“一多统一”的标准，彰显人文精神、有利于实现人性二元的统一、能够解济自然主义一元论之偏向的思想文化作品，如上文所提到的希腊罗马古典，通常会成为首选（见图2-8）。我们可以借用对新人文主义思想流派有着重

---

① 自译，出自圣伯甫（Sainte-Beuve）的《何为古典主义》一文，这里译自英文，见 http://www.bartleby.com/32/202.html，原文由法语写成。参考徐震堮的译文《圣伯甫释正宗》（《学衡》1923年第18期）。

② “If true art consists in having something to say and then saying it simply, the characteristic of this modern art is to have nothing to say and then to say it in a mysterious and complicated manner”, Babbitt, I., *The New Laokoon: An Essay on the Confusion of the Arts*, Boston & New York: Houghton Mifflin, 1910, p. 228.

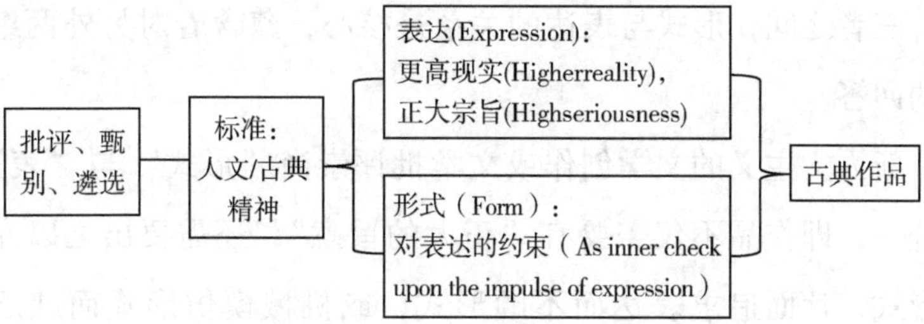

图 2－8 新人文主义文学翻译的选择过程

大影响、同样为吴宓所追捧的大批评家阿诺德的话，来总结新人文主义翻译观之原文选择标准："古今言论思想之最精美者[1]。"

三 翻译的过程：形式与表达、外来与传统的统一

在确定翻译的功能，并且根据新人文主义的批评标准而遴选出原文之后，下一步就是转换。从新人文主义的视角来看，翻译的过程也就是对新人文主义"适度中节之律"的践行过程，即不偏激、不趋极，致力于对相反相对之倾向的调和。由于翻译的过程通常会直接受到翻译功能的影响，因此在论述新人文主义翻译所要处理或调和的几组关系之前，需要再次强调新人文主义视角下翻译的功能：不是解放，更不是革命，而是面向人性的"人文教化"和"人文重建"。

具体来说，新人文主义的翻译中需要调和或者平衡的关系主要有三对：第一是外来与传统；第二是传统与现代；第三是形式与表达。至于作者与读者这两个让译者"仆人"左右为难的"主人"间的关系，则暗含在这三组关系中，因此我们可以忽略。另

① Arnold, M., *Culture and Anarchy*, *New York*: *Macmillan*, 1925, p. 6.

外，三者之间，形式与表达的关系是核心，蕴含着对另外两组关系的回答。

新人文主义的文学创作或文学批评崇尚“形式”与“表达”的统一，即作品不仅需要有“正大的旨意”，还需要出之以完美的形式，片面追求表达而不顾形式，或机械模仿形式而缺乏表达，这些都是自然主义偏激的表现。因此，新人文主义的翻译也同样看重形式与表达的统一：机械模仿原作形式而无视原作精神的翻译，就如同文学思潮中的新古典主义，在对外在形式或规则的片面模仿中失掉了对精神或表达的模仿；不顾原文形式而偏重表达则可类比于表现主义或印象主义。

而在译语中寻找合适的形式去传达原作精神则涉及对新与旧、外来与传统的态度。新人文主义学者面临的重要议题就是如何实现新与旧、传统与现代的统一，新人文主义译者则需要实现外来与传统的统一，具体来说：既不能墨守传统，盲目排外，又不能偏信外来而置传统于不顾。

第四节　小结

本章简要梳理了新人文主义的人性观和文学观，并初步尝试据此而回答翻译学的三个基本问题，主要目的是为阐明吴宓翻译思想背后的新人文主义学理基础做好充分的铺垫。

新人文主义人性论和文学观的概图一方面可以清晰地展示新人文主义思想的基本内容，另一方面也可以找到新人文主义批评所针对的思想运动或文学流派在图中所处的位置，并可以参照新人文主义的标准看出各自的偏向或问题所在，我们同样可以根据这些概图定位吴宓的学术思想或批评理念。这些构成了吴宓翻译思想和实践的基本学术背景。

综合而言，新人文主义的翻译框架下，翻译的功能是“人文教化”和“人文重建”，译文选择标准是“古典”，翻译的方法则是“平衡”“中庸”，“不偏不奇”。

不过翻译对于践行新人文主义理想的作用或新人文主义要义在翻译中的投射情况，还需要通过具体案例得到进一步的诠释和验证。

第三章　吴宓的翻译思想和新人文主义阐释

上一章论述了新人文主义的人性论和文学观，并从翻译的功能、原文选择和翻译方法三个方面讨论了新人文主义翻译观的大体内容，不过这只是一个概图，新人文主义翻译观还需要通过具体的翻译思想和实践得到进一步验证、充实和修正。本章将结合吴宓的翻译话语，总结吴宓的翻译思想，并参照上一章所述，分析吴宓翻译思想的新人文主义渊源，后两章将考察吴宓的文学翻译，揭示吴宓的新人文主义翻译思想在实践中的体现。

吴宓是否“是在中国现代大学里第一个系统传授翻译理论与实践的人”“第一个对中西翻译理论进行系统研究，并将翻译理论运用于指导教学实践、策划撰写中国翻译史和从事翻译批评活的人”，[①] 我们无从证实，但有一点可以确信，吴宓对翻译的理解很深刻，对西方翻译史上的重要翻译家、翻译思想，甚至翻译作品都比较了解，另外，他对翻译的理解与同期其他文化名人相比有着鲜明的独特性，而这一独特性则主要来源于他所抱守的新人文主义思想。因此，本章将集中解决两个基本问题：第一，吴宓

① 傅宏星：《吴宓“翻译术”课程教学初探》，《外国语文》2015 年第 6 期。

的翻译思想包括哪些基本内容？第二，为什么说吴宓的翻译思想是新人文主义的？为了回答这两个问题，我们也权且遵照“为什么译”“译什么”“怎么译”的顺序，最后加上“译是什么”，来梳理吴宓的翻译思想，并阐述吴宓的翻译思想与新人文主义之间的联系。

第一节　翻译的功能与目的：调和新旧、融合中西的文化理想

翻译并非简单的符号转换，而是不同语言文化之间寻求相互理解和交流的活动，在不同的历史时期，对语言、政治和文化的发展发挥过重大作用。中国近代史上，翻译曾经作为思想启蒙的重要工具和寻求变革的政治策略，成为中国有志之士向西方“寻道图强”的一个重要手段。清末以梁启超、严复、林纾、苏曼殊等人为代表的翻译家，怀着“吸彼欧美之灵魂，淬我国民之心志”① 的目的，关注民族命运，追求个性解放和独立，重视翻译对引入新思想和型塑意识形态的作用。

在吴宓所处的年代，更多的知识分子意识到翻译对于启迪民智、改造社会的功用。沈雁冰在《新文学研究者的责任与努力》中明确指出：“介绍西洋文学的目的，一半是欲介绍他们的文学艺术来，一半也为的是欲介绍世界的现代思想——而且这应是更注意些的目的。”② 鲁迅在翻译厨川白村的《出了象牙之塔》之后，也曾在《后记》中表示，希望借翻译让“生在陈腐的古国的

① 白葭：《十五小豪杰·序》，见王运熙主编《中国近代文论选》（上册），江苏文艺出版社 1996 年版，第 238 页。

② 矛盾：《茅盾文艺杂论集（上集）》，上海文艺出版社 1981 年版，第 28 页。

人们”意识到自身的肿痛，以便获得割治肿痛的“痛快”，防止“幸存的古国，恃着固有而陈旧的文明，害得一切硬化，终于要走到灭亡的路”。① 中国现代化的进程在很大程度上就是一个通过翻译向西方学习的过程。许多外国作品之所以得到翻译，最重要的原因往往是因为这些作品蕴含了为促进中国文化变革和思想启蒙所急需的现代观念，诸如民主、自由、平衡、个性主义等。

吴宓的翻译活动，也同样负载着引进西学的使命。《学衡》第19期刊登的法国学者马西尔的长文《白璧德之人文主义》，第38期刊登的《白璧德论欧亚两洲文化》，以及第72期刊登的《白璧德论今后诗之趋势》，均出自吴宓的译笔。在吴宓的影响下，学衡派诸学人对白璧德的新人文主义思想展开了全面的译介，并于20年代末，由吴宓将《学衡》所刊白氏译文汇集成册，交梁实秋由新月书店出版了《白璧德与人文主义》一书。在与新文化运动派的论战中，吴宓等人译介过来的白璧德的新人文主义恰恰是学衡派所仰仗的思想武器。正如有学者指出，在五四运动之后的中国文化场中，“各个派别不约而同地援引西学作为思想资源，以阐扬已见，贬抑他说”②。所以说，对于翻译在引进西学、改造中国社会文化方面的功用，吴宓是从未低估的。然而对于翻译引进什么、为了达到何种目的、怎么引进、所引进的西学与中国固有文化传统如何关联等关键问题上，吴宓与新文化运动中的诸位干将截然不同，尤其是对翻译的最终目的的理解。

在近代西方进化论的影响下，新文化运动的干将们将中西文明置换为新旧的关系，认为翻译所引入的西方文化代表着现代的、进步的思想，而中国的固有文明则是守旧的、落后的。对于

① 鲁迅：《鲁迅全集第10卷》，人民文学出版社1981年版，第243—244页。

② 周云：《学衡派的政治观念与西方保守主义》，《广东社会科学》2008年第3期。

以儒家文化为主体的中国传统文化，新文化派多半采取了激进而决绝的态度，认为传统文化无法承担新时代的重任，必须全部推翻。胡适提出要“重估一切价值”[①]，要打倒“二千年吃人的礼教法治”，全面否定传统文化。陈独秀说“吾人倘以新输入之欧化为是，则不得不以旧有之孔教为非；倘以旧有之孔教为是，则不得不以新输入之欧化为非。新旧之间，绝无调和两存之余地”[②]。汪淑潜同样断言“旧者不根本打破，则新者绝对不能发生，新者不排除尽净，则旧者亦终不能保存。新旧之不能相容，更甚于水火冰炭之不能相入也”[③]。新文化运动的代表人物们在文化取向上做出了破釜沉舟的“全盘性反传统主义”（林毓生语）的抉择，而翻译在他们手中，成为破旧立新的利器。

吴宓所秉持的文化理念渊源是新人文主义，而正如第二章所言，这一思想的背后本来就蕴含着对西方现代文明的批评性反思。在新人文主义学者看来，西方现代文明史也就是宗教和人文传统不断衰落、自然主义一元论不断走向主导地位的历史，而纠正这一偏颇之思想倾向的中心恰恰是不分古今东西之别的人类共同经验和文化经典。白璧德曾明确质疑在文化上过于激进的做法：

> 我们年轻的激进派聪明得无以言表，因为他们坚信，无论做什么，自己都是现代的弄潮儿。不过，在同意他们的信念之前，最好还是先稍稍界定现代和现代精神这些术语。界定之后，我们会发现，年轻激进派的真正问题并不是太现

① 胡适：《新思潮的意义》，《新青年》1919 年第 7 卷。

② 陈独秀：《陈独秀文章选编（中）》，生活·读书·新知三联书店 1984 年版，第 186 页。

③ 汪淑潜：《新旧问题》，见陈崧编《五四前后东西文化问题论战文选》，中国社会科学出版社 1985 年版，第 10 页。

> 代，而是不够现代，因为现代这个词虽然常常，且无疑是不可避免地用来描述较近或最近的事情，但这并不是该词的唯一用法。①

他认为，真正的现代精神是“一种实证的、批判的、不唯权威是从的精神”②。谈到新文化运动时，白璧德呼吁中国的学者要以西方近世文明之偏颇为戒，在克服儒家传统思想之形式主义弊端的同时，不能将“婴儿连同洗澡水一同倒掉”，避免让运动沦为“功利情感运动”。③ 吴宓深受白璧德所提倡的“中节合度之律”④ 的影响，认为新文化派全盘西化、推翻传统的激进做法违背了新人文主义“一多统一”的原则。

对于中国文化的革新，吴宓所主张的路线并非破旧立新，而是要新旧调和；并非要全面欧化，而是要中西兼容。早在1921年尚在美国留学之时，吴宓就在美国的《中国留学生月报》上发表过《中国之新与旧》一文，批评新文化运动一味趋新。相对于新文化主将们大张旗鼓地要用从西方引进的“新文化”替代中国传统旧文化的革命论调，吴宓注重的是新旧文化之间的连续和传承。他指出所谓“新”“旧”，本身就是相对的概念，昨日以为是“新”的，今日看则是“旧”的，而旧有之物通过增补修琢也会成为“新器”，而“论学应辩是非精粗，论人应辩善恶短长，论事应辩利害得失，以此类推，而不应拘泥于新旧。旧者不必是，

---

① 自译，见 Babbitt，I.，*Rousseau and Romanticism*，Boston and New York：Houghton Mifflin Company，1935，pp. x – xi。

② 自译，见 Babbitt，I.，*Rousseau and Romanticism*，Boston and New York：Houghton Mifflin Company，1935，pp. x – xi。

③ 胡先骕译：《白璧德中西人文教育谈》，《学衡》1922年第3期。

④ 吴宓译：《白璧德论民治与领袖》，《学衡》1924年第32期。

新者未必非。然反是，则尤不可”[1]。在译介新人文主义者葛兰坚的观点时，吴宓再次在文前的“译者识”中强调：“吾中国之人近数年来，震眩于西学，舍本以求，而趋新之风遂炽，论人论事，不问是非，但责新旧，不知‘事物之价值，其本身之良否，而无与于新旧’。”[2]

显然，在对待中国传统文化的问题上，吴宓的立场和激进的新文化人有质的区别。这也决定了两者在如何建设现代中国的新文化的问题上，采用了不同的路径。在吴宓看来：

> 今新文化运动自译其名为New Culture Movement，是固以文化为Culture也，Matthew Arnold所做定义曰：文化者古今思想言论之最精美者也。Culture is the best that has been thought and said. 按此，则今欲造成中国之新文化，自当兼取中西文明之精华，而镕铸之，贯通之。吾国古今之学术、德教、文艺、典章，皆当研究之，保存之，昌明之，发挥而光大之。而西洋古今之学术、德教、文艺、典章，亦当研究之，吸取之，译述之，了解而受用之。若谓材料广博，时力人才有限，则当分别本末轻重，大小精粗，择其尤者而先为之。中国之文化，以孔教为中枢，以佛教为辅翼。西洋之文化，以希腊罗马之文章哲理与耶教融合孕育而成。今欲造成新文化，则当先通知旧有之文化。[3]

对于文化的理解，吴宓借用了阿诺德对文化的定义：“文化

① 吴宓：《论新文化运动》，《学衡》1922年第4期。
② 吴宓译：《葛兰坚论新·译者识》，《学衡》1922年第6期。
③ 吴宓：《论新文化运动》，《学衡》1922年第4期。

即古今思想言论之最精美者。”① 如果吴宓再加上阿诺德在定义文化时所用的前半句“文化即对个人之完善的追求”就更完美了，不过也无大碍。这显示出：吴宓心目中的“文化”与新文化派所说的“文化”之间，存在很大的差别。胡适曾在《我们对于西洋近代文明的态度》一文中明确指出，文化是“一种文明所形成的生活的方式”②，虽然胡适认可了文化包括精神和物质两个方面，但对于物质文明的强调尤为重要。胡适甚至认为“凡够得上文化这名词，必须先有物质的进化为基础”③。以胡适为代表的新文化人，在进化论的影响下，多半将文化的发展等同于物质的进步，将对物质文明和精神文明的评价融于一体，如此一来，对于文化的关怀自然会落到物质政治经济发展上去。而在吴宓的理解中，文化并非新文化运动所理解的那种以相对性为主要特征、“物质化”“外在化”的形态，④ 而是“古今思想言论最精美者”，这是根据对人本身的理解去定义的，更强调文化的精神属性，一个国家文化是否发达与该国物质文明的发展程度之间不存在直接的对应关系。也正是出于这样的考虑，吴宓指出，万万不可在建设中国新文化的过程中全盘欧化，完全否认或颠覆传统；真正的新文化建设不仅需要借鉴西学的精华，更离不开对传统的沿袭：

---

① “Culture as being a pursuit of our total perfection by means of getting to know, on all the matters which most concern us, the best which has been thought and said in the world”, Arnold, M., *Culture and Anarchy*, New York: Macmillan, 1925, p. 6.

② 胡适：《我们对于西方文明的态度》，见陈崧《五四前后东西文化问题论战文选》，中国社会科学出版社 1985 年版，第 685 页。

③ 胡适：《我们对于西方文明的态度》，见陈崧《五四前后东西文化问题论战文选》，中国社会科学出版社 1985 年版，第 685 页。

④ 值得一提的是，白璧德在论述中国新文化运动的时候，也对将文化物质化或将物质与精神混为一团的做法提出了批评，并深表担忧，详见胡先骕《白璧德中西人文教育谈》，《学衡》1922 年第 3 期。又见 Babbitt, I., *Democracy and leadership*, Boston & New York: Houghton Mifflin Company, 1924, Chapter V. Europe and Asia（吴宓译：《白璧德论欧亚两种文化》，《学衡》1925 年第 38 期）。

> “文化”二字，其义渺茫，难为确定。今姑且不论二字应为狭义广义，但就吾国今日通用之意言之。则所谓新文化者，似即西洋之文化之别名，简称之日欧化。自光绪末年以还，国人动忧国粹与欧化之冲突，以为欧化盛则国粹亡。言新学者，则又谓须先灭绝国粹而后始可输入欧化。其实，二说均非是。盖吾国言新学者，于西洋文明之精要，鲜有贯通而彻悟者。苟虚心多读书籍，深入幽探，则知西洋真正之文化与吾国之国粹，实多互相发明，互相裨益之处，甚可兼蓄并收，相得益彰。诚能保存国粹，而又昌明欧化，融会贯通，则学艺文章，必多奇光异采。①

因此，吴宓为中国文化建设指明的路径是“保存国粹”“昌明欧化”，这两者必须要“兼蓄并收”“融会贯通”，无论是“造就新文化”，还是“人文重建”，二者都不可或缺。吴宓这一调和新旧、兼容中西的文化理想在《学衡》办刊的宗旨“昌明国粹，融化新知”中得到了最直接的表述，而翻译在这个过程中的功能和目的也不再是大多数新文化运动者们所理解的那么简单，翻译要承担的文化使命不是简单地移植西学，取代传统，而是要参与对传统的重读和阐释、对新知的选择和译介，以及在熔铸贯通二者之精华后造就真正意义上的新文化。

第二节　翻译的选材：古典趣味与精英意识

新人文主义传统包含着浓重的古典趣味与精英意识，用白璧

① 吴宓：《论新文化运动》，《学衡》1922年第4期。

德的话说，它们所尊崇的是“最为纯粹的古典精神”，“它服务于高上的、非个人的理性”，“是约束克制之感、均衡之意和对普遍道义的敬畏”。[①] 尊崇和虔敬圣贤先哲，是白璧德一贯倡导的文化道德，而强调更高理性，则是白璧德学说所倚仗的精神意念。

在新人文主义的影响下，吴宓对翻译选材的理解也强调：作品应当是一流的经典，反映的应该是永恒的人性，选材的标准应该是理性的、有目的的、有节制的，因为只有这样的作品才有利于文化的建设和人文的教化。在翻译人文主义学者班达（Julien Benda）的作品时，吴宓对现代知识分子在政治危机中表现出来的种种“感情奋张”的非理性行为进行了批判，他说：

> 盖智识阶级本以独立自尊、拥护理性、研究学问、主张义理为天职，而今智识阶级则多醉心实利，于是纷纷违反一己之理性，舍弃其平日之所学，而发为种种离奇谬妄之议论，以迎合当政者之心理，助若辈张目。彼利用人性之弱点，以情感操纵政治者，乃得取智识阶级之学说及言论为其行事之根据及辩护之资料。所谓智识阶级之罪恶者，此也。[②]

吴宓此番议论，多少也是针对当时中国新文化运动中某些激进的做法，遂有感而发。不以理性的方式研究考察古今中西之学，而是以自己的政治目的为出发点，大张旗鼓地宣扬一家之言，恰恰是吴宓对新文化派译介活动最为不满的地方。在《论新文化运动》一文，吴宓评论说：

---

① Babbitt, I., *Literature and Aemrican Collage*, Boston and New York: Houghton, Mifflin and Company, 1908, p. 174.

② 吴宓译：《班达论智识分子之罪恶·译者识》，《学衡》1931 年第 74 期。

> 今新文化运动，其于西洋之文明之学问，殊未深究，但取一家之说，以相号如，故既不免舛误迷离，而尤不足当新之名也。①

他批评新文化派选取“在西洋已视为糟粕、为毒鸩者”来“代表西洋文化之全体”的思想和文章，甚至将新文化运动所翻译过来的文章、哲理、美术和“伤风化之影片”及“不能行市”的劣质商品相提并论，认为“新文化运动之流，乃专取外国吐弃之余屑，以饷我国之人”。②

当然如今看来，吴宓的这番评论也显得理性不足、偏激有余了，新文化运动在译介西学的过程中的确存在一些偏颇和局限，然而胡适、陈独秀等人所倚仗的杜威的实用主义，尼采的哲学观，萧伯纳、易卜生等人的写实主义文学，乃至马克思主义思潮，实际上都对中国社会的现代化进程产生了重大的积极影响。虽然他们的翻译都是出于特定的政治目的和社会考量，但所译介的这些思想并非都如吴宓所言是西洋的“糟粕”“毒鸩”或是“dumping”。并且，新文化运动者们对西方思潮的译介，从来都不是单调的一家之言，以文学思潮为例，如郑伯奇所言，从《新青年》的白话文运动到“五卅”这短短十年间，“西欧两世纪所经过了的文学上的种种动向，都在中国很匆促地而又很杂乱地出现过来”③。在这种交错杂陈的匆乱接纳中，出现良莠不齐的译介在所难免，在选材方面或亦有考虑欠周之处。当然，吴宓之所以那么说，也绝非偶然，他是本着新人文主义的文化理念和文学批

---

① 吴宓：《论新文化运动》，《学衡》1922 年第 4 期。

② 吴宓：《论新文化运动》，《学衡》1922 年第 4 期。

③ 郑伯奇：《中国新文学大系・小说三集》，上海文艺出版社 1981 年版，第 2 页。

评思想而做出的结论，吴宓对上述相关作家和思想流派的批评在白璧德的论述中同样可见。

在编辑《学衡》杂志期间，吴宓在杂志章程中明确提出要译述“西洋古今之学术、德教、文艺、典章”，强调“本杂志于翻译之业，异常慎重，力求精美”，而选材则是重中之重，“所译者或文或诗，或哲理，或小说，要必为泰西古今之名著，久已为世所推重者，甄取从严，绝不滥收无足重轻之作”。[①] 吴宓认为“西洋之文化，譬如宝山珠玉璀灿，恣我取拾，贵在审查之能精，与选择之得当而已”，那么在吴宓的眼中，到底什么样的西洋文化才值得被翻译过来呢？对此，吴宓给出了清晰的答案：

> 西洋文化中究以何者为上材，此当以西洋古今博学名高者之定论为准，不当依据一二市侩流氓之说，偏浅卑俗之论，尽反成例，自我作古也。[②]

换言之，吴宓所推崇或力主选择的原文正是那些能够符合人文精神、具有永恒价值、充满古典趣味和精英意识的作品，即阿诺德所说的“古今思想言论之最精美者”。对此，白璧德的另一位中国学生、当年将胡适“逼上梁山”、后又将吴宓导向新人文主义的梅光迪也曾表达过相似的想法，对于译介西学的选材，梅光迪提出了两点标准：

> （一）所介绍者，须其本体有正当之价值，盖西洋近世，为文化极盛时代，宇宙真理，多为古人今人所已发现，后起

① 吴宓：《梦中儿女·编者识》，《学衡》1922 年第 9 期。
② 吴宓：《论新文化运动》，《学衡》1922 年第 4 期。

者每有入世太晚，他人已先得我心之叹……而其本体之价值，当取决于少数贤哲，不当以众人之好尚为归。（二）所介绍者，即已认其本体之有价值，当以适用于吾国为断。适用云者，或以其与吾国固有文化之精神，不相背驰……或以其为吾国向所缺乏，可截长以补短也。或以其能救吾国之弊，而为革新改进之助也。①

这里所说的第一条，即判定西方文化是否有“正当之价值”的标准，和吴宓的观点如出一辙，以“西洋古今博学名高者”的定论为准，以“少数圣贤”的判断为准，而不能一味媚俗，“以众人之好尚为归”。梅光迪提出的第二条，则是强调引进西学的时候，需要有本土观照，需注意中国实情，以审慎的态度加以吸收借鉴。而在吴宓看来，只有真正意义上的西洋经典作品，才能够和中国的经典作品两相对照，相映生辉：

然按之实事，则凡夙昔尊崇孔孟之道者，必肆力于柏拉图、亚里士多德之哲理；已信服杜威之实验主义（Pragmatism-Instrumentalism）者，则必谓墨独优于诸子。其他有韵无韵之诗，益世害世之文，其取舍之相关亦类此。凡读西洋之名贤杰作者，则日见国粹之可爱；而于西洋文化专取糟粕，采卑下一派之俗论者，则必反而痛攻中国之礼教典章文物矣。②

可见吴宓所言的“西洋之名贤杰作”，返本溯源直指希腊罗马的古典文化。事实上，吴宓的恩师白璧德也曾明确提出要从希

① 梅光迪：《现今西洋人文主义》，《学衡》1922年第8期。

② 吴宓：《论新文化运动》，《学衡》1922年第4期。

腊罗马的经典中学习：

> 盖以彼希腊罗马之大作者，皆能洞明规矩中节之道及人事之律，惟此等作者为能教导今世之人如何而节制个人主义及感情，而复归于适当之中庸。故诵读其书而取得其精神，为至不可缓也。①

他还建议当时的中国留学生“勿冒进步之虚名，而忘却固有之文化”，同时潜心研究“西洋自希腊以来真正之文化”。② 在白璧德的熏陶下，吴宓自己也相当服膺于希腊文明，他认为“古希腊之哲理文章艺术等，为西洋文化之中坚，源流所溯，菁华所在。为吾国人研究西洋文化所首应注重者”。③ 在吴宓的影响下，《学衡》成为中国二三十年代关于希腊罗马时代的美学思想与文学成就的重要译介阵地。《学衡》连续数期刊载了吴宓整理的《西洋文学精要书目》，其中在第七期和第十期分别刊登了专门介绍希腊和罗马文学的书目。在吴宓担任编辑期间，《学衡》发表的关于希腊文化文学著作的译介多达 17 种（篇），其中最值得一提的是吴宓爱徒景昌极、郭斌和先后翻译的柏拉图五大文艺对话录，包括发表在第三期的《苏格拉底自辨篇》、第五期的《克利陀篇》、第十期和第二十期的《斐都篇》、第四十三期和第四十八期的《筵话篇》，以及第六十九期和第七十六期的《斐德罗篇》，开我国柏拉图著作译介之先河。后来这些译文集结汇编为单行本《柏拉图五大语录》，交由南京钟山书局印行出版，吴宓还亲自为

---

① 吴宓译：《白璧德释人文主义》，《学衡》1923 年第 19 期。

② 胡先骕译：《白璧德中西人文教育谈》，《学衡》1922 年第 3 期。

③ 吴宓译：《希腊对于世界将来之价值・译者识》，《学衡》1923 年第 23 期。

其撰写编者说明。除了对柏拉图语录的翻译，《学衡》还对希腊文化的各方面都做了详细译介，包括向达、夏崇璞合译的《亚里士多德伦理学》、郭斌和翻译的《希腊之历史》、朱复翻译的《希腊美术之特色》、胡稷咸翻译的《希腊之哲学》、汤用彤翻译的《亚里士多德哲学大纲》《希腊之宗教》，以及吴宓亲自翻译的《希腊对于世界将来之价值》。这些译介作品内容涉及哲学、伦理、政治、文学、艺术、宗教等，为中国读者全方位展示希腊民族的精神世界。在罗马文学的译介方面，《学衡》也做出了在当时令人瞩目的工作。吴宓曾亲自撰文介绍罗马散文家西塞罗的身世、写作风格以及罗马文学的成就，作为钱堃新翻译《西塞罗说老》一文的按语。①

除了直接翻译的作品，值得一提的还有吴宓所撰写的《希腊文学史》。这是第一部中国学者通过自己的研究编纂的"国别文学史"，具有开拓性的意义。虽然吴宓当时只写出两章，分别介绍了《荷马史诗》和《希霄德之训诗》，但他以比较文学的高度，详尽分析了荷马史诗与《封神转》《三国演义》《西游记》《镜花缘》等古典作品在"大体精神及作成之法"等方面的近似之处，又将中国《诗经》《易经》和希腊的教训诗做对比，不但向中国读者介绍了另一文明古国的经典作品，而且通过对比研究的方法说明了希腊文明与"吾国固有文化之精神，不相背驰"② 的特质，进一步为希腊文明的译介提供了理据。

除了对古希腊古罗马经典作品的偏好，吴宓在选择其他时期和国别的文学作品时同样也体现出古典趣味和纯正品位意识。《学衡》第十八期刊出徐震堮翻译的 19 世纪法国文学批评家圣伯

① 吴宓：《西塞罗说老·编者识》，《学衡》1923 年第 15 期。

② 吴宓：《希腊文学史第一章》，《学衡》1923 年第 13 期。

甫的《圣伯甫释正宗》，吴宓为其撰写了“编者识”，专门讨论了Classicism的中文译名。吴宓认为其重点不在于用典，而在于行文的简洁明了，因此建议翻译为“古学主义”[①]。在同期刊出的《福禄特尔记阮讷与柯兰事》（陈钧译）一文的“编者识”中，吴宓也突出介绍了福禄特尔（今作伏尔泰）作品中的“古学主义”的美学趣味和理性原则[②]。另外，《学衡》还曾刊登钱稻孙用骚体翻译的但丁《神曲》“地狱篇”一至五曲，为了进一步介绍这部中世纪欧洲最伟大的作品，吴宓又译出美国学者葛兰坚（Charles Hall Grandgent）所撰《但丁神曲通论》的“导论”，对但丁的生平、《神曲》的内容、《神曲》的写作风格体制等进行全面介绍。这些偏好究其根源，是和吴宓所抱持的以尊崇古典理性和道德修养为特征的新人文主义取向分不开的。受其影响，吴宓译介的选择标准与当时新文化革命派所倡导的以平民大众为主要对象的文学翻译选材有很大分别。在新文化运动的干将们号召“要求文学来做诅咒反抗的工具……要求‘血与泪’的文学”[③] 的时候，吴宓看重的是“义理之学”，他希望推广和培植“一种普遍的、理想的、绝对的、客观的真善美之标准”[④]。这种尊崇高上理性、强调古典传统和人文精神的立场虽然在一定程度上显得高高在上，偏离社会现实，但是从历史的视角来看，还是有其特定的价值。在当时以趋时逐新的进化观为主导的中国文学场中，吴宓和他所领导的《学衡》的文学译介工作呈现出了不一样的风景。他们所展示的古典趣味和精英意识与新文化运动主将们的文化激进主义

---

① 吴宓：《圣伯甫释正宗·编者识》，《学衡》1923年第18期。
② 吴宓：《福禄特尔记阮讷与柯兰事·编者识》，《学衡》1923年第18期。
③ 茅盾：《介绍外国文学作品的目的》，《文学旬刊》1922年第45期。
④ 吴宓：《浪漫的与古典的》，《大公报·文学副刊》1927年9月17日。

相互抗衡，而他们之间“构成的张力和冲突正是推动历史前进的重要契机”[①]。

第三节　翻译的方法

在上文的讨论中，我们思考了吴宓在翻译目的和翻译选材这两个问题上的立场，在梳理了吴宓对“为什么翻译”以及“翻译什么”两大问题的回答并追溯其新人文主义渊源之后，接下来的问题是：吴宓对“怎么译”这一问题有怎样的回答？而且他对翻译方法或翻译策略的认识和选择是否也可回溯到新人文主义思想？

一　吴宓的语言文字观：“以固有之文字，表西来之思想”

新文化运动除旧布新的一个重要议程就是语言的革新。在美国读书的时候，胡适就注意到西方历史上曾有过由语言革新走向文化变革的先例，他说：“若没有各国的活语言作新工具，若近代欧洲文人都还须用那已死的拉丁文作工具，欧洲近代文学的勃兴是可能的吗？”[②] 而当时的汉文在胡适看来是“半死之文字”，由于“文学的生命全靠能用一个时代的活的工具，来表现一个时代的情感与思想，工具僵化了，必须另换新的，活的”[③]，因此，胡适最终把“文学革命”落实到了文字革命之上，也即白话文运动。和世界文化的接触是新文化干将们发动白话文革新的一大动

---

① 乐黛云：《世界文化语境中的学衡派》，《中国现代文学研究丛刊》2005 年第 3 期。

② 胡适：《胡适文集：卷一》，北京大学出版社 1998 年版，第 146—147 页。

③ 胡适：《胡适文集：卷一》，北京大学出版社 1998 年版，第 146—147 页。

力："我们的海禁开了，和世界文化接触了，有了参考比较的资料，尤其是欧洲近代国家的国语文学次第产生的历史，使我们明了我们自己的国语文学的历史，使我们放胆主张建立我们自己的文学革命。"①

面对西方思潮和外来事物的涌入，关于中国传统文字究竟能否表达新思想新事物，各家看法不一。即便到了 80 年代，也还有语言学家认为文言是用古语说今事，难免雾里看花，显得不够真切，不够细致。语言学家张中行曾评价说林纾用文言译的《块肉余生述》和严复用文言译的《法意》，与董秋斯白话译的《大卫·科波菲尔》、张雁深白话译的《论法的精神》相比，既不忠实，又不明确。而且新时代的新内容有时候根本无法用文言表达，"因为其中不能容纳波音 747 和可口可乐"②。

应该说，在新文化运动前后那个古今中西交融的时代，中国文字发生变化是必要的，然而这样的变化到底以怎样的形式发生，吴宓的立场与当时轰轰烈烈的白话文运动的主张大有差别。胡适在《建设的文学革命论》里，对文言给出了相当偏激的评论，认为"这二千年的文人所做的文学都是死的，都是用已经死了的语言文字做的"③。如今看来，这一观点自然是偏颇而不符合历史事实的。相比之下，吴宓对于中国古代文献的评论显然更为客观。他认为文言不可废止，是因为古文的价值在于文章的内容和材料，语言本身只是一个形式。文言有不同的写法，"唐宋人之倡古文，以破选体之词章；明清人之倡古文，以矫制艺之八股"，各朝各代都有人会用糟糕的文字来骗取功名，但也有人会

① 胡适：《胡适文集：卷一》，北京大学出版社 1998 年版，第 122 页。

② 张中行：《文言和白话》，黑龙江人民教育出版社 1988 年版，第 218 页。

③ 胡适：《胡适文集：卷二》，北京大学出版社 1998 年版，第 45 页。

致力于研究“圣贤之教，经史之学，治世经邦之要，天下郡国利病之途，以及教育大凡，人生要理”，这些言之有物的重要文章也都是用古文写就的，自然不可以将其与“空疏陈腐”的八股相提并论，一并打倒。[①]

吴宓强调，文字是文章的媒介，因此任何一个文学家都需要了解自己国家的文字，在自己的语言中发挥才华，早在清华期间，吴宓就指出“诗人不可不谙训诂”。[②] 语言是文学作品的“源流根株”，如果放弃一个国家自己的文字，就如同斩断了该国文化之根，后果是不堪设想的。吴宓将古文、时文、白话看作是一个递降的三个层级，“由浓而淡，由精而粗”，其价值也是递减的。按照中国传统的观点，“取法乎上，仅得乎中，若共趋下，必至复亡”，“惟精于古文者，始能作佳美之时文与清通之白话。”[③] 因此，如果全社会都去写白话文，而完全背弃自己的古文传统，就无异于在文字和文化上做出了一个“趋下”的选择，其后果是相当严重的。对于白话文运动之激进，吴宓在日记、诗作和刊发的论说中多次表达过对文字之破灭、传统文化之见弃的忧虑，并一再呼吁“勿破灭文字”的主张。

对于新文化诸干将强调古文不足以承担新思想的传播的看法，吴宓认为各国的语言都各有特点，不必论优劣短长，“惟视用此文字者之聪明才力如何耳”[④]。天才的诗人，无论身在哪个国家，使用哪种语言，都会写出天才的诗句。语言本身是不可以直接论优劣的，也无法去比较哪种语言更适合文学创作或者思想表

① 吴宓：《论今日文学创造之正法》，《学衡》1923 年第 15 期。
② 吴宓：《吴宓诗话》，吴学昭整理，商务印书馆 2007 年版，第 24 页。
③ 吴宓：《论今日文学创造之正法》，《学衡》1923 年第 15 期。
④ 吴宓：《论新文化运动》，《学衡》1922 年第 4 期。

达，因为写作者本人是否能够运用好自己的语言，才是真正影响文章质量的关键所在。吴宓直言："彼不能创为佳作，或且词不达意，而倡言破灭本国文字，别创怪体，谓非是不足显其文才者，徒见其作伪饰非，心老日拙而已。"①

针对在译介西方思想中出现的翻译困难，吴宓提出不应该将其归咎于语言，因为造成困难的根本原因是所需要表达的思想内容是新异的，并非所使用的文字本身缺乏表现力所致：

> 夫中国今日输入西洋之事物理想，为吾国旧日文章之所无，故凡作文者自无不有艰难磨阻之感。然此由材料之新异，非由文字之不完。今须由作者共为苦心揣摩，徐加试验。强以旧文字表新理想，必期其明白晓畅，意蕴毕宣而后已。如是，由苦中磨出之后，则新格调自成，而文字之体质，仍未变也……此乃缓功，不能急致。然绝非破灭文字所可致。②

吴宓认为，只要译者"共为苦心揣摩，徐加试验"，用传统文字去表达新思想的时候是能够实现"明白晓畅，义蕴毕宣"的效果的。他还引用了欧洲文化翻译史上，基督教开始传播的时候，用拉丁古文去翻译，一开始"未尽其意，粗俗可厌"，后来通过逐渐改良，把希腊文化与基督教的教义融合起来，才最终发现"欧西文字，也足表达耶教之教理而无遗憾"。③ 这一例子有力地证明，传统的文字和传统文学的体例格式，只要使用得当是可以负载起新思想传播之重任的。吴宓主持《学衡》期间，也在体

① 吴宓：《论新文化运动》，《学衡》1922 年第 4 期。
② 吴宓：《论新文化运动》，《学衡》1922 年第 4 期。
③ 吴宓：《论新文化运动》，《学衡》1922 年第 4 期。

例说明中表达过类似的观点，他提醒作者和译者：

> 本杂志行文力求明畅雅洁，既不敢堆积餖饤，古字连篇，甘为学究，尤不敢故尚奇诡，妄矜创造，总期以吾国文字，表达西来思想，既达且雅，以见文字之效用，实系于作者之才力。苟能运用得宜，则吾国文字，自可适时达意，故无须更张其一定之文法，摧残其优美之形质也。①

显而易见，在呼吁尊重汉字传统的同时，吴宓并非冥顽不化地固守传统。对于“古字连篇”的学究气，吴宓绝不支持，而对于当时“妄矜创造”的风气，他同样坚决反对。吴宓将特定历史时期中国文字所面临的问题表述为：

> 如何用中国文字，表达西洋之思想，如何以我所有之旧工具，运用新得于彼之材料（旧指中国固有者而言，新指始由西洋传来者而言，非今古之谓，亦无派别之见）……易词言之，则可曰“今欲以中国文学表达西洋之思想及材料，而圆满如意，则应将中国原有之文字文体解放至如何程度。”②

从这里我们可以看出，吴宓非常清楚地意识到了在中西思想交流的时代，中国文字和文体改革的需要，他承认中国文字“必须解放，必须改变，乃人人所承认”，但同时也提醒大家对于这一解放的程度和方式要有审慎的思考。他反对白话文运动倡导者希望通过语言的“断裂”来实现现代性最大化的演进，认为文字

---

① 《学衡杂志简章》。

② 吴宓：《马勒尔白逝世三百年纪念》，《大公报·文学副刊》1928年第40期。

的改革需要“适可而止”，必须尊重语言本身的发展规律，循序渐进，注重传承：

> 文字之变迁，率由自然，其事极缓，而众不察，从未有忽由二三人订出新制，强全国之人以必从。一旦变革，自我作古，即使其制完善，国大人多，一部分人尚未领悟，而他处之人又创出新文字、新语音，故行用既久者，一废之后，则错淆涣散，分崩离析，用无统一之一日。[①]

将文字看作传统的产物，强调历史长期的发展和众人使用的积累，这是符合语言发展规律的，与新人文主义对于新旧的态度一致。事实上，无论是创造新的文学还是新的文字，都势必需要利用传统。吴宓强调，无论是过去的“材料之原理”，还是“词藻之神理”，都是可以移为我用的文学资源。如果完全废除文言，一味提倡白话，其实是毫无理由地放弃了建设新文学的一种重要资源。他说：“即不言保存国粹，发扬国光，巩固国基远大之关系，但为文学创造者之便利之成功计，亦不宜破灭文言而代以白话。”[②] 这样的态度，在当时全面反传统的文化氛围里自然是显得过于保守，然而站在历史发展的高度去思考，我们必须承认，传统文化中的确有新文化必不可少的滋养，正如著名学者林毓生所观察到的：

> 一个传统若有很大的转变潜能，在有利的历史适然条件之下，传统的符号及价值系统经过重新的解释与建构，会成

① 吴宓：《论新文化运动》，《学衡》1922 年第 4 期。

② 吴宓：《论今日文学创造之正法》，《学衡》1923 年第 15 期。

> 为有利于变迁的“种子”，同时在变迁的过程中仍可维持文化的认同。在这种情况下，文化传统中的某些成分不但无损于创建一个富有活力的现代社会，反而对这种现代社会的创建提供有力的条件。[①]

处在古今东西融合的年代，无论是语言还是文化，改变是不可避免的，这是新文化派和以吴宓为代表的学衡派所公认的事实，但究竟如何改变？新文化人强调白话文的清晰性、科学性、逻辑性，并将文字改革作为推动新文化建设和文学革命的强大引擎；而吴宓则看重传统文字所承载的文化意蕴和人文内涵，提出“文章之格调可变且易变，然文字之体制不可变，亦不能强变”的主张。[②] 这两者之间的区别，说到底又回到了问题的起点，也就是如何看待传统，以及如何理解传统与现代的关系。尽管当年的“文白之争”早已有了历史的定论，但我们必须看到，在当年那场文言白话嬗替的语言博弈中，并没有绝对孰胜孰负、孰对孰错的判断。吴宓提出并在自己的翻译中身体力行的“以固有之文字，表西来之思想”的原则，背后承载着他作为一个新人文主义学者在承袭文化传统和应对现代需求两个方面的使命和责任，这无论是在当时特定的历史年代还是在当今的时代背景下都有难能可贵的价值。

二　吴宓的文体观：“首贵明显，再求典雅”

从上文的讨论中我们看到，吴宓对于翻译中应该使用的语言

---

① 林毓生：《中国传统的创造性转化》，生活·读书·新知三联书店1988年版，第13页。

② 吴宓：《论新文化运动》，《学衡》1922年第4期。

文字有着独到的见解，以往关于新文化运动“文白之争”的研究，多半将吴宓所代表的学衡派看作“文言”的守护者。而实际上，吴宓并不反对白话，更不固守文言，在新人文主义的影响下，他对于文学作品，看重的是其文字的高尚优美，注重的是一种经过慎重选择、精心结撰的语言形态，造作矫饰、堆砌铺陈、冗杂难懂的文言与芜杂粗鄙、晦涩不明的白话是两个极端，都不符合新人文主义文学观之关于文学形式的要求，也违背了新人文主义“中节合度之律”，因此受到吴宓的批评。

在《钮康氏家传》第六回篇末附识中，吴宓明确指出：当前对于文学界而言，“最急要之事，即为创造一新文体，强以固有之文字，表西来之思想，以旧形式入新材料，融合之后，完美无疵”。[①] 吴宓清醒地看到，这一创造新文体的任务是极其艰巨的，需要每一个写作者的贡献和参与，而且文言和白话都可以在其中发挥相应的作用：

> 此本极难之事，执笔者人人有责，时人竞尚语体，而欲铲除文言，未免有误，且无论文言白话，皆必有其文心文律，皆必出以凝练陶冶之工夫，而致于简洁明通之域。大凡文言，首须求其明显，以避艰涩。豆丁白话，须首求其雅洁，以免冗沓粗鄙，文言白话各有其用，分野殊途，本可并存。然无论文言白话，皆须精心结撰，凝练修饰，如法方有可观。昔约翰生博士 Dr. Johnson 赞阿狄生 Addison 之文章，谓为 familiar but not coarse，elegant but not ostentatious，其上半句用作吾国今日白话之模范，下半句可用作吾国今日文言之

① 吴宓：《钮康氏家传》，《学衡》1922 年第 8 期。

> 模范。吾译钮康氏家传，亦惟竞竞焉求尽一分子之责，以图白话之创造之改良而已。[①]

相信看过这一段话之后，许多批评吴宓顽固保守、盲目排斥白话的言论即不攻自破，最难能可贵的是，吴宓在这段话中为文体改革提出了非常明确的标准：无论是用文言还是白话，都尽量“凝练陶冶”，最终实现“简洁明通”的效果。具体来说，落实到文言，则须“优雅而不矫饰”；落实到白话，则须“通俗而不粗鄙”。这也正是吴宓理想中的翻译文体：

> 译文首贵明显，再求典雅，总以能达出原作之精神而使读者不觉其由翻译而来为的。[②]

吴宓对“明显”和“典雅”之文体的强调，与白璧德新人文主义文学观是一致的。新人文主义在文艺方面，一直存有反浪漫主义而回返古典的诉求，强调应该用理性的态度，在经典秩序中讲求艺术的规范。与鼓吹创新和想象的浪漫主义以及推崇整饰之形式的新古典主义不同，新人文主义希望通过规定和纪律构建文艺标准，在表达上凸显道德品质，在风格方面往往表现为中和持正以及典雅高贵。吴宓一贯强调文字的“简洁、明显、精妙”，他认为古文体是中国文章中最简洁、最明显、最精妙的。对于新文化运动中白话文学的创作，吴宓评价不高，他曾试读相关作品，感觉是“陈陈相因，千篇一律”。从文体的角度去看，自由诗“无韵无律，意旨晦涩”；短篇小说在写实主义影响下，“艺术

① 吴宓：《钮康氏家传》，《学衡》1922 年第 8 期。

② 吴宓：《梦中儿女·编者识》，《学衡》1922 年第 9 期。

未工，描叙不精详，语言不自然”；戏剧作品则一概“以一社会或教育之问题为主，而必参以男女二人之恋爱，而以美满婚姻终之”；而散文类的文字则有过于琐碎，或是意气感情过于凌烈的毛病。对于这样的白话文学，吴宓的评价是“佶屈聱牙、散漫冗沓”，“不究学问，不讲艺术”，即便有些观点值得称许，也因为受文字的拖累，最终难成“完善精深之作品”。[①] 除了在文学创作中会出现语言的粗鄙芜杂，新文化运动中的很多翻译作品在表达上更是过于机械，读起来是不明不白的“翻译体”（translationese)，不但文字毫无美感可言，而且也容易让读者产生误解。对于这样的翻译，吴宓提出过相当严肃的批评：

> 近年吾国人译西洋文学书籍诗文小说戏曲等不少，然多用恶劣之白话及英文标点等，读之者殊觉茫然而生厌恶之心，盖彼多就英籍原文，一字一字度为中文，其句法字面，仍是英文，在通英文者读之，殊嫌其多此一举，徒灾枣梨，而在不通英文者观之，真如坐对原籍，甚或误解其意，此其病由于操译事者未尝下苦，以求相当之部分，融化过来。[②]

表面上看，这段文字是对白话和新式标点的批判，但究其根本，还是对文体问题的计较。如果翻译在中文和英文这样语法结构本来并不一致的语言之间，强行做字字对应的转换，就会造成死译之嫌。佶屈的译文完全背离了“明显”的文体准则，读者只会“茫然而生厌恶”，究其根本是译者没有下功夫真正弄懂原文，并在译入语中找到最合适的表达方式所致。关于这一点，吴宓还

---

① 吴宓：《论今日文学创作之正法》，《学衡》1923 年第 15 期。
② 吴宓：《论今日文学创作之正法》，《学衡》1923 年第 15 期。

举过一个具体的例子：

> （翻译）绝不可以甲国之字，凑作乙国之文理，而以为适合。实则窒此而又不通于彼也。凡欲从事此道，宜先将甲乙两国文中通用之成语，考记精博，随时取其意之同者，而替代之，则处处圆转确当。例如英文某句，适可译为“险象环生”，决不可译为“危险由各方面发生”，而自诩其文理之近似也。[①]

为了使译文尽可能明晰清楚，便于读者理解，译者不能机械地去字字对应地“凑”，而应当在博闻强记源语和译入语的习惯表达，尽量用读者所熟悉的表达方式来翻译。换言之，“译者必须精通两国文字”，在此基础上“求两国文中相当之词句，既得之，则以此易彼”，[②] 这样就比较容易在译文中达到圆转流畅的效果。那么，怎样才能“求两国文中相当之词句”呢？吴宓在《论今日文学创造之正法》中，以迭更司和沙克雷为例，指出，如果要将这两部小说翻译为中文，那么译者应该取《水浒传》和《红楼梦》中情事相似的部分，“熟读之，几能背诵，然后从事翻译，此际当力求密合英文原意，而不知不觉之间，构成字句，亦不觉中英文相去之甚远也”[③]。在他自己翻译《钮康氏家传》的时候，吴宓就选择用《红楼梦》所代表的中国古典白话小说体例来对应。

在翻译中难免会遇到新名词，译者的博闻强记就无法发挥作用了，吴宓依然强调翻译的前提条件是要“融化过来”，否则还

---

① 吴宓：《吴宓诗话》，吴学昭整理，商务印书馆2007年版，第23页。
② 吴宓：《论今日文学创作之正法》，《学衡》1923年第15期。
③ 吴宓：《论今日文学创作之正法》，《学衡》1923年第15期。

是不用的好，一如他在《评顾随无病词味辛词》中所说的那样：

> 夫新名词非不可用，但须融化过来。能具融化之力量本领，则用之愈多愈佳。否则毋宁避去不用为宜。顾君所用新名词，如补救、颓废、单调、不做超人莫怕沉沦、爱神烦恼诗神病、脑海与心苗、死神等，似皆能融化过来者，可引为新名词之佳例也。①

虽然这段话是针对文学创作中的语言使用而言，但对翻译也同样适合。

除了尽量实现译文的流畅自然，译者也要考虑文字是否典雅。译者在选择翻译对象的时候，就需要充分考虑原文是否值得学习，对于当时新文化派所引入的“问题戏剧”“写实主义”的文字水平，吴宓是完全看不上眼的，甚至曾将其称为“西洋之疮痂狗粪”②。在吴宓看来，“固欲文之工美，必先修学精品，而不当专学他人之文章皮毛也”③。对于外国文学的不同流派，吴宓提出“各派中之名篇，皆当读之”，不可“专读一派之文，专收一时之作”。既然选择了精品名篇来进行翻译，自然就要用典雅的文字来对应，不能让文字流于粗鄙。在《西雷格尔逝世百年纪念》中，吴宓指出：

> 今日中国翻译之业方盛，而草率猥陋者居多，苟欲深致力而求大成，威廉希雷格尔之译事可为取法，盍注意及之。

---

① 吴宓：《吴宓诗话》，吴学昭整理，商务印书馆2007年版，第154页。
② 吴宓：《吴宓日记之Ⅱ》，生活·读书·新知三联书店1998年版，第46页。
③ 吴宓：《论新文化运动》，《学衡》1922年第4期。

> 今人每谓吾中国文字繁难，不能表示西来之思想及感情，遂主废弃，或务为变革，殊不知文字之效用，实系于作者之才力，是在作者译者不惮辛苦，勉强实验，久之自可满足一己而造福后人，彼歌德与威廉希雷格尔之发挥运用德国文字，可谓榜样也。今人又痛恶文学中体裁格律，主一切破除，于是译西书者，不问其为诗为文为小说为剧曲，又不辨其文笔（style）之为深为浅为俗为雅为柔和，而均以一种现代（并欧化）之语体译之，其合于原文之体裁否？不问也。其能完全表达原文之精神风韵否？亦不问也。使知文章内容之美与外形之美乃一事而非二事，使知文体须求符合于其题目及材料，则所为或将异乎今者。①

吴宓主张翻译中译者需要具有文体意识，不同的原文会有不同的文体特质，而文体与内容之间是密不可分的统一关系。对内容和形式二元统一的理解，是符合新人文主义文艺观的。和自然主义片面强调表达而无视形式的做法不同，新人文主义认为形式的因素并不是限制表达或创作天分的机械的外在的因素，而是促使作家和诗人本着约束的原则，对材料和想象进行加工、筛选和提高的过程。文字语言就如同人之本性一样，都有“放纵之欲”和“制止之理”两种相对的成分，正如博放而扩张的欲望需要通过内心之规劝而趋于平衡，文字语言的使用也同样需要得到约束。在新文化运动中，自胡适批判“骈文律诗，不讲文法，是谓‘不通’”观点始，传统文体一直被视为文学创作的桎梏；随着新诗运动的开展，高举“八不主义”的新文化人更是彻底颠覆了中

① 吴宓：《西雷格尔逝世百年纪念》，《大公报·文学副刊》1929 年第 67 期。

国古典诗文对格律的要求。吴宓并没有完全固执地反对灵活处理格律，然而对于全面废除格律的做法，他显然是无法苟同的。吴宓认为，文章的表达和文章的形式必须结合起来，用最恰当的形式去反映相关的表达。翻译的时候，应当根据“文体之精粗浅深”去“酌照所适，随时变换”，面对“为深为浅为俗为雅为柔和”的各样原文写作风格，用同一种译文文体去对应就是不恰当的：“小说戏剧等有当用白话，即用简练修洁之白话”，但是如果翻译诗歌或韵文也不讲格律，那就不合适了，这就是吴宓所说的翻译必须具备“择体”意识：

> 文必译为文，诗必译为诗，小说戏曲等类推，必求吾国稳重与原文相当之文体而用之，又译文或用文言，或用白话，或文理有浅深，词句有精粗，凡此均视原文之雅俗浅深如何而定，译文必与相当而力摩之，并非任意自择（如钮康氏家传则效石头记之白话，苏格拉底自辩篇则甚肖孟子史记左转之闻言，皆为达原作之文体文情，故并非有意摩古书也）。[①]

在翻译中文体的选择要根据原文的特点来做出相应的变动，而变动的时候也要根据译入语的文学传统来作调整。译者通过对原作的写作风格（即“文体”）以及相应内容（即“文情”）的揣摩，然后在译入语中选择最合适的相应文体形式去翻译，这样翻译出来的文字既能够让读者容易读懂，也优雅高贵。也正是在这个意义上，吴宓提倡首先应当“觅本国文章之与原文意趣格律相似者，反复熟读，至能背诵其若干段，然后下笔翻译”[②]。例

① 吴宓：《梦中儿女·编者识》，《学衡》1922 年第 9 期。
② 吴宓：《论今日文学创作之正法》，《学衡》1933 年第 15 期。

如，吴宓在《希腊文学史》第一章中，在将《荷马史诗》与中国文章相比时指出，《荷马史诗》在“大体精神及作成之法”上与中国的弹词“极相类似”，并在详细列举了二者之间的十二点相似之处之后说：“故窃意若欲译伊利亚及奥德西为吾国文，则当译之为弹词体。”[①] 可见吴宓理想中的文体对应，实际上对译者提出了相当高的要求，除了要通晓原文的内容和风格，还要对译入语文化有相当深入的了解和体悟。

吴宓对于译文文体“明显”和“典雅”的要求，同样也贯彻在他自己的翻译实践中，后文中我们会用吴宓在诗歌和小说方面的翻译实践来进一步说明这一点，这里且暂举一例为证。吴宓在《学衡》上发表过不少述译白璧德思想的文章，对此梁实秋曾说白璧德的人文主义思想“被《学衡》的文言主张及其特殊色彩所拖累”，说自己当时看了《学衡》“望而却步”，因为“里面满纸文言，使人不敢进一步探讨其内容了”。[②] 后来也有学者评价说吴宓等人翻译白璧德的作品用了“陈旧艰涩”的文言，风格“顽固迂阔”。[③] 这一评价是否中肯客观，需要更多的考察和研究，如果把吴宓翻译白璧德的文字拿出来细读，即便在今天读来也并不觉得太困难，例如白璧德原句：“His (Confucius) interests, as I have already said, are humanistic rather than religious.” 吴宓的译文为“盖如前所言，孔子以人文化世，而不以宗教为务也”。[④] 这样的译文虽然使用的是文言，但所选并无冷僻字词，翻译和原文意思贴切，文风精妙雅致，而且词句自然流畅，恰恰是吴宓所倡导的

① 吴宓：《希腊文学史》，《学衡》1923年第13期。
② 梁实秋：《梁实秋批评文集》，珠海出版社1998年版，第212页。
③ 朱寿桐：《新人文主义的中国影迹》，中国社会科学出版社2009年版，第447页。
④ 吴宓译：《白璧德论欧亚两洲文化》，《学衡》1925年第38期。

“明显”“典雅”之文风。

三　翻译的伦理：密合原文，折中两全

无论是从文化、语言还是从文体的角度去看，翻译都是一个复杂的选择过程，译者需要充分发挥主体性而做出特定的选择或决定，而这一过程必然会涉及价值观和伦理判断，正如有翻译研究者指出的那样，翻译“必须考虑作者、读者以及他们的意图，哪里涉及意图的地方，哪里就涉及道德，因此，你必须考虑翻译的伦理”。[①] 翻译伦理与翻译活动所遵从的规范和原则相关，旨在指导、协调和制约翻译活动中所涉及的种种关系，比如原作者和译者的关系、译文读者和译者的关系、赞助人和译者的关系、原文化和目的语文化的关系等。在一系列复杂的关系中，最为核心的问题便是：身处读者和作者之间的译者，他所需要承担的责任到底是什么？

在《论今日文学创造之正法》之翻译部分，吴宓提出了译者的三大责任：

> 翻译有三要：一者，深明原文之意；二者，以此国文达之而不失原意，且使读之者能明吾意；三者，翻译之文章须自有精彩，是即严又陵所谓信达雅也。[②]

在这里提出的译事三要，和吴宓后来总结的翻译三步骤是完全

① Green, J., *Thinking Through Translation*, Athens: University of Georgia Press, 2001, p. 1.

② 吴宓：《论今日文学创作之正法》，《学衡》1923 年第 15 期。

一致的。在清华大学教授相关课程的时候，吴宓提出翻译要做到：

> （一）完全了解原文；（二）以译文表达之，而不失原意；（三）润色译文，使成为精美流畅之文字。[①]

这三条标准正如吴宓自己所言，分别对应严复提出的“信、达、雅”之翻译原则。虽说并不是什么独家之言，但也反映出吴宓对译者责任的充分认识。其中的第三条，关于译文之“精美流畅”“自有精彩”，是从译文本身的文体角度提出的要求。这一点在上文我们已经详细讨论了，在此不多赘述，而把讨论重点放在吴宓对原文和读者的态度上。在翻译中，译者实际上处在一个三元关系的中间地带，这个关系的一边是作为信息发出者的原作作者，另一边是作为信息接受者的读者。译者的工作就是生产出有效的译文，以译文为载体向读者传递作者的原意。换言之，译者一方面要忠实于原作的意图，另一方面要服务于读者的需要，所以才会有俗语说译者的工作是“一仆二主”。如果两个“主人”提出的要求不一致，甚至背道而驰，那么“仆人”就会左右为难。译者实际工作中所遭遇的种种伦理困境，往往也正是由于他们背负着这样的双重责任而起。

吴宓也曾引用德莱顿（John Dryden）对翻译的分类来说明自己对于翻译的理解：

> 杜来登 John Dryden 则谓翻译有三途，一曰直译 Metaphrase，二曰意译 Paraphrase，三曰拟作 Imitation，三者之中，

① 《清华大学史料选编》卷二（下），第584页。

> 直译窒凝难行，拟作并非翻译，过与不及，实两失之，惟意译最合中道，而可以为法。①

吴宓显然不赞成只为原作服务，或只为读者服务。因为直译表面上对原文负责，拟作似乎更容易满足读者，然而这两种做法一个造成了理解的困难，另一个改变了翻译的本质，犹如“过与不及，实两失之”。只有两者之间的“中道”，才是译者应该做的，这也正是新人文主义执两用中或中节合度之律的应用。

吴宓所说的“深明作者原义”，就是强调译者对原著的责任。“忠实”也好，“信”也好，作为一条翻译原则提出来并不难，然而在实际的翻译中，“作者原义”到底是什么，如何才叫“深明”，却是相当复杂而棘手的问题。白璧德倡导的“批评及实证之人文主义”②，重视历史和考证的研究，这对于吴宓的治学态度和观念影响很大。吴宓在清华开办研究院的讲演中说：“研究之道，尤注重正确精密之方法（即时人所谓科学方法）”③，吴宓自己的研究也的确严谨而精密。例如，在研究希腊文学史的时候，他曾逐一引述历代权威学者的观点，梳理“晚近学者研究之结果”，不厌其烦地对每一说法甄别考订，强调对研究对象应当从总体观念到细枝末节都了然于胸，在《希腊文学史》的“附识”中，吴宓说：

> 凡欲述一国之文学史，必须先将此国此时代之文学典

① 吴宓：《论今日文学创作之正法》，《学衡》1923 年第 15 期。

② 吴宓译：《白璧德之人文主义》，《学衡》1923 年第 19 期。

③ 吴宓：《清华开办研究院之旨趣及经过》，见徐葆耕《会通派如是说：吴宓集》，上海文艺出版社 1998 年版，第 174 页。

籍，悉行读过。而关于此国此时代之政教风俗、典章制度等之记述，亦须浏览涉猎，真知灼见，了然于胸，然后下笔始不同捕风捉影、向壁虚造也。

凡文学史于一人一书一事，皆须下论断。此其论断之词。必审慎精确，公平允当，决不可以一己之爱憎为褒贬。且论一人一书一事，须著其精神而揭其要旨。①

这里说的虽然是文学史研究的话题，然而所说的“真知”“精神”“要旨”等语词，无不同样指向对文本意义的确定和追寻。必须看到的是，白璧德新人文主义的“实证”，和通常所说的孔德哲学所强调的那种精确的实证主义又是不尽相同。吴宓在哈佛的好友，同为白璧德门生的历史学家陈寅恪、汤用彤等人在熟练运用考证法治史的同时，都十分强调对古人或古代思想而具备的一种“同情”式的理解。陈寅恪说过，对历史人物和作为的研究，“应具了解之同情，方可下笔”②。汤用彤也强调，历史研究不只是“陈迹之搜讨”，还必须有“同情之默应”，否则“必不能得其真”③。吴宓同样也明白，人文的议题断不能像物质问题一样，完全通过科学实证的方式机械论证。新人文主义所强调的“实证”，吴宓的表述为“主经验，重实证，尚批评，以求合于近世精神”，换言之，就是“不迷信权威圣贤”，而是“验之于己，求之于内心，更证之以历史，辅之以科学”，最终才彻底疏通义理。④ 如此看来，在翻译中若要真正通晓原著的意义，译者首先

① 吴宓：《希腊文学史·附识》，《学衡》1923年第13期。

② 陈寅恪：《金明馆丛稿初编》，生活·读书·新知三联书店2001年版，第279页。

③ 汤用彤：《汤用彤全集第一卷》，河北人民出版社2000年版，第655页。

④ 吴宓译：《白璧德中西人文教育谈·编者识》，《学衡》1922年第3期。

需要以科学而严谨的态度，对文本进行历史和背景的梳理，同时也要带着人文的关怀，去思考文本意义的当下关联和价值，两相结合，才配得上说是真正读懂了原文。

吴宓所言译事三要之二，“以此国文达之而不失原意，且使读之者能明吾意”，强调的是译者对读者的责任。表面上看，这一条和严复所言之“达”，或是意译说中的“通顺”之标准是一致的。两者的确都强调了译者的文字必须“通达”，译者必须把得之于心的原文意图用译入语表达出来，让读者看得明白。在吴宓自己的翻译实践中，他的确时刻把读者放在非常重要的位置。也许最能说明这一点的就是吴宓在主编《学衡》和《大公报·文学副刊》的时期，曾为许多译文撰写的长篇按语。在他自己的翻译中，往往也会加入大量注释和说明，随译随释，不但提供对原文的引文、人名、地名和历史事件的详细说明，而且在句子逻辑过于复杂的时候，还会附上吴宓自己的解释；或者在原文牵涉到和当时中国传统文化或现实联系的时候，吴宓也会加上相关的描述或引证。这些按语和注释都成为围绕译文而存在的副文本，对于读者的理解起到了重要的帮助作用。如吴宓自己所言：“凡原文之义理词句，以及所引史事故实等，有难解指出，则由译者或编者加以简短之注解，俾读者完全了悟，不留疑义，且有欲研究原文者，可以此译本对照细读。”① 但如果就此将吴宓的观点简化为“意译”，方便读者的理解，则还是不完整的。必须看到，吴宓强调对读者所负责任的同时，依然承接了第一条对“原意”的坚守。添加注释的目的，不但是帮助读者理解，而且还在于引起读者的兴趣，让他们以后对照原文去钻研，更包括对原作意蕴和

① 吴宓：《梦中儿女·编者识》，《学衡》1922 年第 9 期。

原文作者之用意的点评和解读。吴宓不止一次提出，翻译再精准，哪怕句句精确，字字无讹，译文还是不能完全替代原文。在译介白璧德《民主与领袖》一书时，他曾明确告诫自己的读者，原书体大思精，翻译撮述不免失真，提议读者“当取原书读之”：

> 其书除绪论及附录外，共分七章。全书思想缜密，前后连贯，必须依序细心诵读，放可见其体大思精之处。惟以其第五章“论欧亚两洲文化”，与吾国及东洋关系尤切，故取而译之，然犹深望好学有志之士诵读全书也。①

吴宓不但建议读者读原书，甚至建议读者最好能“与白璧德先生以前所著之四书并读之”，希望读者“追踪白璧德之成学立教”，进而提出“彼其于白璧德之外，千百学者及其主述，固一同视之耳”。虽然有研究者认为，要求译文读者去读原著是“相当幼稚的书生之见”，而要求人们去读原著的同时还要比对相关著作钻研精度，更是“莫名其妙的苛刻之论”，② 然而实际上吴宓提出的并非一厢情愿以己度人的荒唐要求，而是将读者的努力也纳入了对真知和义理的追寻之途。吴宓曾引用 Benjamin Jowett 这位19 世纪牛津大学的神学家和以翻译柏拉图的作品而闻名的翻译家的观点，提请大家注意：“翻译之法，在不能两全之中强求其折中而无失。The soul of translation is compromise。”③ 吴宓提出“密合原文”“折中两全”之追求的同时，也清醒意识到两全其美毕

---

① 吴宓译：《白璧德论民治与领袖》，《学衡》1924 年第 32 期。

② 朱寿桐：《新人文主义的中国影迹》，中国社会科学出版社 2009 年版，第 278 页。

③ 吴宓译：《钮康氏家传第八回》，《学衡》1922 年第 8 期。

竟只是一种理想，翻译中必有所失。然而伦理本身就是应然范畴的讨论，从这个意义上来说，将读者纳入翻译伦理的考量是完全有必要的，读者对终极意义和真相同样负有不可推脱的担当，而译者所承担的责任与其说是将原作的意图直接呈现给读者，毋宁说是担任了一个引路人的工作。如此，吴宓最终在原义和读者之间搭建了桥梁，在“信”和“达”之间，“忠实”和“通顺”之间找到了译者的立足之地。

第四节　翻译的本质：“多”中求“一”的创造

最后，我们把讨论聚焦到吴宓的翻译本身的认识和理解上，也就是对“翻译是什么”的回答。在上述对吴宓翻译思想的梳理中，我们重点考察了吴宓对翻译的功能、选材和翻译方法诸方面的思考，这些讨论从不同角度或多或少也都反映了吴宓对于翻译本质的看法。

被誉为“现代翻译理论之父”的尤金·奈达（Eugene A. Nida）曾经给出过一个被广泛引用的定义：“所谓翻译，是从语义到文体，在译语中用最切近而又最自然的对等语再现原语的信息，首先是意义上的对等，其次是风格上的对等。”[1] 吴宓对翻译的理解已经包含了类似的内容：“翻译之术非他，勉强以此国之文字，达彼国作者之思想，而求其吻合无失。”[2] 这一描述和当代翻译学研究中对于翻译的定义并没有太大的出入。翻译在形式上，涉及语言转换；在内容上，以思想和意义为旨归；在标准上，强调吻合

① Nida, Eugene A., *The theory and Practice of Translation*, Shanghai Foreign Language Education Press, 2004, p. 12.

② 吴宓：《论今日文学创作之正法》，《学衡》1923 年第 15 期。

或对等。这是从最直观的层面上，对翻译现象和过程的描述。

吴宓所讨论的翻译，以及他自己所从事的翻译实践，而主要都是发生在文学和思想的领域。因此吴宓对翻译本质的更为深刻的讨论，并非针对一般意义上的翻译活动，而是针对文学类作品的翻译而展开的。吴宓在清华大学开设“翻译术”一课的时候，曾将课程名称翻译为“The Art of Translation”，并在课程说明中指出：

> 本学程（翻译术）特为各级中英文兼优之学生而设，目的在视翻译为一种文学上的艺术，由练习而得之方法，专取英文之诗文名篇杰作以及报章公文等译为中文，而合于信达雅之标准。①

在吴宓看来，翻译是一种艺术，是一种练习，也是一种方法。如果想进一步追问，翻译是什么样的艺术，是怎样的练习，是做什么的方法，在吴宓《论今日文学创作之正法》一文中，我们可以找到更为明确的答案：

> 翻译之业，实吾前所谓以新材料入旧格律之绝好练习地也。
>
> 翻译亦模仿之良法，可为之，然翻译之佳而入神者，已进于创造之境矣。
>
> 翻译固非创造，然翻译之佳者，其文章自有精彩，亦即可谓为创造。②

---

① 《清华大学史料选编》卷二（下），第584页。

② 吴宓：《论今日文学创作之正法》，《学衡》1923年第15期。

作为“练习”的翻译，是“以新材料入旧格律”的练习。这里所说的“新材料”指的是文学作品的表达或内容，而“旧格律”则是指文学作品的形式。吴宓一直强调文学作品应当表达和形式并重，作者应该努力“使所作之材料（即思想感情之内质）形式（即格律词藻之外形）并佳，且材料（内）与形式（外）融合为一体，不可分别”①。吴宓对于文学作品内容和形式统一的强调，是与白璧德的文艺主张一脉相承的。在谈到艺术形式的时候，白璧德曾说，“欲艺术之尽善尽美，仅有精湛之材料尚不足，而必须有既整齐且有变化之形式，以表达之而范围之。其形式愈臻完美，则愈能显示一种宁静之精神”，真正的艺术“须言之有物，而又须简单言之也（谓不假雕饰，自然混成）”，而言之无物且“肆为奇诡繁复”的作品则是下流作者之所为。② 翻译作为一种“以新材料入旧格律”的练习，实际上就是一个“形”“质”并重的练习，考验文字使用者如何将“思想感情”和“韵律格调”并重，如何用古典而优美的方式传递切合社会现实的“今时今地之闻见事物思想感情”。

作为“方法”的翻译，是强调翻译对于模仿的意义。这并非是传统翻译研究中所说的译文和原文之间，译文是对原文的模仿，吴宓所强调的是作为文学创造必经之路的那种“摹仿”。对于文学创作的路径，吴宓给出过明确的勾勒：“作文者所必经历的之三阶级：一曰摹仿，二曰融化，三曰创造。由一至二，由二至三，无能逾越者也。”③ 吴宓认为在成熟的创作出现之前，必须取道于传统，通过虚心刻苦的学习、模仿、训练，兼采众长，最

---

① 吴宓：《吴宓诗话》，吴学昭整理，商务印书馆 2007 年版，第 139 页。

② 吴宓译：《白璧德之人文主义》，《学衡》1923 年第 19 期。

③ 吴宓：《论今日文学创作之正法》，《学衡》1933 年第 15 期。

终积累到足够的经验，方可以得心应手地开始创作。

关于模仿对创作的作用，古今中外都有相类似的论述。亚里士多德认为诗艺的产生有两个源头，“首先，从孩提时候起人就有摹仿的本能。人和动物的一个区别就在于人最善摹仿并通过摹仿获得了最初的知识。其次，每个人都能从摹仿的成果中得到快感”。[①] 在写作中，从来少不了“今者摹仿古文”，而模仿古人的用意并非要故步自封和守旧，而是要深入了解自己语言文化的文本库（cultural repertoire），对各种类型的文体特征和写作风格都有所了解，如此，“所作各种文字皆能简洁明显精妙”[②]。而翻译文字的生产也同样如此，翻译对于吴宓而言，恰恰是一种可以实现模仿的方法，并且实际上模仿的强度和效果是一般创作的双倍，因为译者只有在精通两国文字、深悟两种文化文库的基础上，才可能准确把握原文的风格，并在译入语文化中找到对等的文体去翻译。

通过“形”“质”并重的练习和双重模仿的方法，优秀的翻译作品实际上完全可以称得上是创作了。他曾评论威廉·希雷格尔所翻译的莎士比亚戏剧作品是伟大的创作：

> 威廉希雷格尔识作者之用心，能洞明莎士比亚每剧之真意，能传出英国依里萨伯时代戏剧之环境及精神，译笔流畅生发，使人爱读，故能使莎士比亚成为德国民族所崇拜眷恋之诗人，使百数十年来在本国亦遭人冷落或致误解之莎士比亚之名剧，重现其价值，而成为南欧各国條顿民族之珍宝，伟哉，翻译至此，盖兼有创造之能事矣。[③]

---

① ［古希腊］亚里士多德：《诗学》，陈中梅译，商务印书馆 2005 年版，第 47 页。

② 吴宓：《论今日文学创作之正法》，《学衡》1933 年第 15 期。

③ 吴宓译：《西雷格尔逝世百年纪念》，《大公报·文学副刊》1929 年第 67 期。

吴宓将精妙的翻译也看作是艺术创造，而威廉希雷格尔所翻译的莎士比亚戏剧作品之所以可以称得上是伟大的艺术作品，除了“译笔流畅生发”“识作者之用心”之外，更重要的一点是在希雷格尔的译笔下，莎士比亚戏剧背后的人文光辉得以照耀在德国，莎士比亚也成为了德意志民族所眷恋崇拜的对象。

受到阿诺德和新人文主义思想的影响下，吴宓将文化看作是“古今思想言论之最精美者”，而这些最为优秀精美的知识，代表着“我们能做到尽最大可能接近事物之坚实的可知的规律，从而使我们的行动有根基而不至于混乱，使我们能够达到更全面的完美境界”。[①] 吴宓的艺术观不是关于自然，也不是关于神的，而是最终指向人的修养和完善。在《文学与人生》中，吴宓对于理想的艺术作品做过如下表述：

> 含有人生最大量的、最有意义的、最有兴趣的部分（或种类），得到最完善的艺术的处理，因此能给人以一个真与美的强烈、动人的印象，使读者既得到教益、启迪，又得到乐趣。[②]

如果说一个翻译作品，取材于经典之作，感情真挚，合乎道德；形式优美，与主题契合；翻译的时候通过模仿最优秀的文体和典范，最终做到了文质兼备，那么这样的作品的确可以称得上是伟大的创造。

然而“创造”这一概念，在吴宓的整个思想体系中，还有着更为重大的意义。在研究吴宓思想的时候，学界常常提到的一对

---

① ［英］阿诺德：《文化与无政府状态》，韩敏中译，生活·读书·新知三联书店 2002 年版，第 147 页。

② 吴宓：《文学与人生》，王岷源编译，清华大学出版社 1993 年版，第 21 页。

概念就是“一”和“多”。在哈佛留学期间，吴宓就用英文写过提纲，勾勒有关“一”与“多”的相关范畴。在后来《文学与人生》“我之根本信条”一章中，吴宓进一步阐释了他对这一对概念的理解[1]。从柏拉图时代开始，一直就存在两个世界的划分，一个是千变万化、形态各异的事物世界，而另一个是永恒长在的理念世界。吴宓指出，他对于“一多”问题的看法，是“本于亚里士多德之说”，“以补正柏拉图之缺失者”，强调“一多并在”的人生态度[2]。在翻译过亨勒（R. F. A. Hoernle）作品的时候，吴宓指出，哲学离不开人类的经验，但这一经验必相当繁杂而完备，并随着经验的增加而不断扩大思考的范围，以理性之力归纳综合，方可由繁而简，由多而一。[3] 吴宓强调：

> 知此二方面之对立而并存，是曰正见或真知。
>
> 于自己之思想、感情、生活、事业中，极力使 Unity and Harmony（统一与和谐）能得实现，而胜过［transcend］Opposition and Contradiction（对立与矛盾），是曰正行，或曰真实之创造与建设。[4]

吴宓为这些关键词所添加的下划线，无疑说明他本人对这些概念的重视。能够被视为“创造”的行为，是需要在对立和矛盾中找到统一与和谐，接受事物的变化，并从中把握恒定和真知的。值得注意的是，“一”不是指单纯的数量，而是形形色色事

---

① 吴宓：《文学与人生》，王岷源编译，清华大学出版社 1993 年版，第 150—162 页。

② 吴宓：《文学与人生》，王岷源编译，清华大学出版社 1993 年版，第 82—83 页。

③ 吴宓译：《物质生命心神论》，《学衡》1926 年第 53 期。

④ 吴宓：《文学与人生》，王岷源编译，清华大学出版社 1993 年版，第 161 页。

物中始终持存的东西，吴宓希望，在“一多共在”的原理下，由“多”而领会“一”。而创造是要从“多”中求“一”，从实际经验可感知的事物中，去把握这个世界的核心本原。白璧德也在《论创造》一文中指出，真正的创造性（genuine creation）绝不是漫无目的、脱离道德中心、缺乏普遍性或代表性的臆想或玄念。① 换言之，真正的艺术创作，需要想象力在遵从高上意志和理性的基础上，直接领悟普遍之真，实现多中见一、变中见定、具体中见普遍。吴宓所说的翻译是一种文学上的艺术，翻译可以被看作是一种创造，同样也暗含这个层面的解读。

在本真的理性世界之“一”和繁杂的事物世界之“多”的观照下，翻译和原文之间的等级和尊卑得以消解，翻译不再是对原文机械的再现，而成为和原文平起平坐的文本，同为反映更高真理的不同作品。在这个层面上，我们似乎可以读到本雅明《译者的任务》的回声：

> （译作的目标）它指向语言的整体，而另一种语言里的个别作品不过是出发点……译作的伟大主题是将形形色色的口音熔于一种真正的语言。在这种语言里，个别句子、文学作品，或批评的判断彼此无法沟通，因为它们都依赖于译作；然而在译作里，不同的语言本身却在各自的意指方式中相互补充、相互妥协，而最终臻于和谐。②

吴宓应当不会拒绝承认，本雅明所描述的那种表现“语言间

① Babbitt, I., On Being Creative, *The Bookman*, April 1931, Vol. LXXⅢ, No. 2.

② ［德］阿伦特编：《启迪：本雅明文选》，张旭东、王斑译，生活·读书·新知三联书店2008年版，第88—89页。

的亲族关系”的翻译作品，正是他所力主的“正行”，是真实的创造与建设。这样的翻译，也超越了经验意义上的文体练习或描摹方法，而指向了更高的艺术层面，成为真正意义上的创作。

第五节　小结

翻译不仅是吴宓宣传人文主义思想的重要方式，也是吴宓践行人文精神、促进人文重建的重要方式，吴宓的翻译思想也势必会被打上深深的新人文主义烙印。

在翻译的功能上，吴宓凸显了翻译对于“人文重建”的关键性作用，注重翻译对中西文明精华和文化传统的承袭，强调翻译在调和新旧、融合中西、引进新知、发扬国粹方面的作用，注重通过翻译“人类思想言论之最精美者”来实现“建设新文化”的目标，同以废旧出新、推进革命为目的的新文化派的翻译大相径庭。

在翻译选材上，吴宓主张本着新人文主义和古典主义的批评标准或价值取向，呼吁在全面对比和深入批评的基础上，慎重甄取，选取符合古典精神、有利于人文道德，且经过时间的考验的文化文学经典，而不会为“一时一家之言”所惑或不加鉴别地随意选取，体现出强烈的古典趣味和精英意识。

在翻译方法上，出于对翻译功能的考量，并本着对所精选之古典作品的尊重，吴宓强调传统与外来的统一和译文在形式与表达上的统一。首先，在文字上，吴宓反对新文化派破灭文字的做法，力主以中国“固有之文字表新来之思想”；在文体上，不仅推崇与古典原作相一致的“明显雅洁”的文风，更注重对原作形式或格律的“模仿”，而二者在很大程度上都可以从中国诗文传统中觅得。其次，在翻译的伦理上，吴宓并非如施莱尔马赫所说的那样，要么“将原文读者带向作者”，要么“将原文作者带向读者”，[①] 而是倾向于在让读者“彻悟”原文的同时，也让作者的良苦用心得到充分的体现。

最后，在对翻译的理解上，吴宓根据自己所信奉的“一多”和“两世界”两大要义，结合他对新人文主义之文学创作的理解，将翻译视为文学创作过程中的重要环节，翻译可以通过对“一多”原则的实践而一步步“进于创作之境”。

通过上述总结，再结合上一章的论述，可以发现：由上述四个方面构成的翻译思想是吴宓紧密结合中国的时代背景而对新人文主义精神和要义的应用和阐发，吴宓对翻译的理解，尤其是对“为什么译”“译什么”“怎么译”等基本问题的认识是对新人文主义思想本身的阐发，更与上一章所总结的新人文主义翻译观契合。身为西洋文学专家兼国学大师，作为“中国比较文学的拓荒者”[②]，更是作为新人文主义思想的信使，吴宓通常会站在人文和“文化”的高度，在综合评比古今东西思想的基础上思考文学和翻译的问题，他会从与普遍之真和文明之真正进步的角度去思考译者对“文化”之大义的责任，以及译者在翻译过程中适宜采用的方法和策略，而不会推崇以推翻传统、“解放人性”为目标、从新人文主义视角看来带有自然主义倾向之偏的新文化派的翻译。正如新人文主义视角下人之本性具有永恒性和超越性一样，吴宓的翻译思想与文化实践也同样具有超越性，即超越了所谓的

---

① Schleiermacher, F., “On the different methods of translating”, In Robinson, D. eds., *Western Translation Theory from Herodotus to Nietzsche*, Beijing: Beijing Foreign Language Teaching and Research Press, 2007, p. 226.

② 杨周翰：《吴宓——中国比较文学的拓荒者》，见黄世坦编《回忆吴宓先生》，陕西人民出版社 1990 年版。

意识形态、赞助、主流诗学乃至多元系统论所显示的压力或制约。因此，如果我们本着与一元论的进化史观来看待吴宓的学术思想，或者本着以相对主义为特征的文化观来看待吴宓的翻译思想，那势必会得出错误的结论，以此而展开的批评也是对吴宓最大的不公。当然，吴宓的新人文主义翻译思想，或者说吴宓的翻译思想同新人文主义之间的密切联系，还需要通过具体翻译实践得到进一步验证，这是接下来两章将要讨论的内容。

第四章　吴宓的新人文主义诗歌翻译

在总结并分析了吴宓的新人文主义翻译思想之后，本章将以吴宓的诗歌翻译为考察对象，分析吴宓诗歌翻译的特点及其背后的新人文主义学理。

为正确妥当地分析吴宓的诗歌翻译，我们需要做好以下三个方面的工作：第一，吴宓诗歌翻译的背后有何种诗学思想？第二，这种诗学思想与新人文主义的文学思想有何关系？第三，吴宓的诗歌翻译是否体现了他的新人文主义诗学观念和翻译思想？前一章已经论述了吴宓的新人文主义翻译思想，第二章在论述新人文主义文学观时提到了吴宓的诗学思想同新人文主义文学观之间的联系，本章将结合上述两点，即吴宓的新人文主义翻译思想和新人文主义诗学思想，展开对吴宓诗歌翻译的考察。

第一节　吴宓的诗歌翻译概览

诗歌翻译在吴宓的翻译版图中占据了相当重要的地位，在具体分析吴宓的诗歌翻译之前，且先对吴宓的诗歌翻译稍作介绍。吴宓的译诗，收录在《吴宓诗集》中的一共有44首①，总体情况如下。

在语源上，主要来自英语，也包括法语和拉丁语，其中：英文诗，共40首；法语诗2首，分别是吴宓置于《吴宓诗集》卷首、用以表明自己作诗之义法的《创造》诗②和对福禄特尔之哲理小说《查德熙转》中的一首法语诗的翻译，即《译两截谜语》③；拉丁诗2首，一首为《节译奥维德诗》④，另一首为《节译加突鲁斯 Catullus 诗》⑤。

在译诗的体例上，吴宓先后使用了四言、五言、七言、骚体、韵文甚至是白话新体等形式，具体分布情况是：四言⑥，5首；五言，23首；七言，10首；骚体，1首；韵文，3首；白话新体，3首⑦。从体例的分布来看，吴宓的译诗以五言为最主要的形式，

---

① 吴宓的译诗本来应该包括他根据 Longfellow 的长诗 *Evangeline* 所作的《沧桑艳传奇》，不过吴宓只是将其放在1935年出版的《吴宓诗集》卷末部分，与他早年所作的《陕西梦传奇》并置。鉴于该作品成于吴宓留美之前，本书暂时未将其归入“吴宓的译诗”之列。另外，这里也严格按照《吴宓诗集》中所收录的情况整理，将一诗两译的情况也算作两首，比如吴宓先后用过五言和白话新体译过《牛津尖塔》（吴宓：《吴宓诗集》，吴学昭整理，商务印书馆2004年版，第106—107页），再如他所将雪莱的一首诗分译为两首（见吴宓《吴宓诗集》，吴学昭整理，商务印书馆2004年版，第443—444页）。

② 吴宓：《吴宓诗集》，吴学昭整理，商务印书馆2004年版，卷首。

③ “福禄特尔”，从吴宓之译，今译作“伏尔泰”，他的哲理小说 *Zadig* 原本由陈钧所译，见《学衡》1924年第34期《查德熙转》。《译两截谜语》为时任《学衡》主编的吴宓所译，又见吴宓《吴宓诗集》，吴学昭整理，商务印书馆2004年版，第126页。

④ 吴宓：《吴宓诗集》，吴学昭整理，商务印书馆2004年版，第111页。需要指出的是，原诗出自 Cyril Bailey 所编之《希腊之流传》第二章《希腊之宗教》（Livingston, R. W. eds.，*The Legacy of Greece*，Oxford：The Clarendon press，1921，Chapter Ⅱ，Religion.），由汤用彤译为中文，发于《学衡》1923年第24期，但文中所出现的几处译诗都是出自《学衡》主编吴宓之手。除了这首拉丁诗，文中出现的四首英文诗的中译，即《译日光》《译信仰》《译灵感》《译壮往》，也同样如此，详见吴宓《吴宓诗集》，吴学昭整理，商务印书馆2004年版，第111—112页。

⑤ 吴宓：《吴宓诗集》，吴学昭整理，商务印书馆2004年版，第270页。

⑥ 四言只是总体上的分法，吴宓译诗中的四言大多数都比较工整，少数则有混杂，以四言为主，比如他所译的《译丁尼生角笛歌》，前八句都是四言，但最后两句却各含11字。

⑦ 《译讥英国贵族院议员》（吴宓：《吴宓诗集》，吴学昭整理，商务印书馆2004年版，第127页）之前后两个部分分别用的是五言和七言，因此译诗总数为45首，而不是上文所说的44首。

四言、五言和七言也比较常用，骚体在《吴宓诗集》中并不常见，除了诗集卷首所引用的屈原之《离骚》外，就数卷首那首译自法语的《创造》诗部分了。三首韵文体分别是吴宓在《吴宓诗集》卷首所翻译的罗色蒂（Christina Rossetti）之《逝矣逝矣》（Passing Away），吴宓在《我之人生观》中为论证他所提倡的“行而无着”（work without attachment）的思想时所引用的《译卡莱尔时箴》[①]，以及为祝贺友人新婚而翻译的《译婚后情人诗》[②]。不过，最引人注意的莫过于三首白话新体了，严格来说就是两首，一是吴宓于1936年以白话新体重译此前用五言体译过的《牛津尖塔》（The Spires of Oxford）一诗，并发于同年《清华周刊》第21期；二是1937年5月7日所译的雪莱（P. B. Shelley）致妻子哈莉（Harriet）的诗“To Harriet”，只不过吴宓将该诗分成了两个部分，前三节为一部分，后两节为一部分，而且在顺序上还有颠倒，在2004年版的《吴宓诗集》中，后两节之译被放在了前三节之译的前面，而且后三节译诗的题目《译Married Lover》出现了明显的错误，不过影响并不大，对于吴宓的诗歌翻译而言，重点是从中看到了吴宓对白话新体的使用。然而，我们也不能据此而简单地认为吴宓的译诗经历了从旧体诗向白话新体诗的转变，毕竟这只是少数，而且从语言上看，吴宓的白话体显得比较笨拙而生疏，不具代表性。

原诗之出处或来源，也即吴宓对所译之诗的选择，主要分为两类：第一类是吴宓在译书或校对《学衡》稿件时所碰到的诗作，比如在翻译《世界文学史》[③] 的过程中所出现的《译罗色蒂

① 吴宓：《我之人生观》，《学衡》1923年第16期；又见吴宓《吴宓诗集》，吴学昭整理，商务印书馆2004年版，第110页。

② 吴宓：《吴宓诗集》，吴学昭整理，商务印书馆2004年版，第382—383页。

③ 吴宓译：《世界文学史》，《学衡》1925年第38、39期。

女士生日诗》《译薄伽梵歌》《选译波斯诗人鄂马开亚谟四句诗集》等诗[①]，在翻译《白璧德论欧亚两种文化》[②] 中所出现的《译天罚》[③] 之诗，在翻译《物质生命心神论》[④] 时所碰到的《译人智之卓越》[⑤]，在翻译《钮康氏家传》[⑥] 时出现的《译酒店主人歌》[⑦]，等等。特别需要指出的是吴宓作为《学衡》主编在译诗上所做的努力，如前两页注释部分所示，《学衡》部分稿件中的译诗都出自吴宓之手，有些译诗之后有吴宓加入的编者识，所以读者不难得知其译者，不过在汤用彤所译的《希腊之宗教》中的诗歌翻译前后，并未见特别说明，鉴于吴宓作为《学衡》主编而处理部分稿件之译诗的先例以及这些诗作在《吴宓诗集》中的收录情况，部分诗作的译者可以认定为吴宓。此外，徐震堮所翻译的《白璧德释人文主义》中的一首诗歌的翻译，也可以认定为出自吴宓之手，原文出自弥尔顿的一首长诗，吴宓译之为《译绝俗》[⑧]。第二类是吴宓单独选择的诗歌材料，特别是吴宓为《学衡》杂志的《英诗浅释》和《译诗》栏目所选用并翻译的诗篇，比如《牛津尖塔》《古意》《古决绝辞》《愿君常忆我》等。

吴宓的译诗涵盖的范围较广，但大体来说可分为天道人性篇和高尚感情篇两大类别，前者以普遍之天理和永恒之人性为主题，《译薄伽梵歌》《选译波斯诗人鄂马开亚谟四句诗集》《译天罚》《译人智之卓越》等是其中的代表，后者以真挚高尚之情感

① 又见吴宓《吴宓诗集》，吴学昭整理，商务印书馆2004年版，第112—116页。

② 吴宓译：《白璧德论欧亚两洲文化》，《学衡》1925年第38期。

③ 吴宓：《吴宓诗集》，吴学昭整理，商务印书馆2004年版，第126页。

④ 吴宓译：《物质生命心神论》，《学衡》1926年第53期。

⑤ 吴宓：《吴宓诗集》，吴学昭整理，商务印书馆2004年版，第138页。

⑥ 吴宓译：《钮康氏家传》，《学衡》1922年第1期。

⑦ 吴宓：《吴宓诗集》，吴学昭整理，商务印书馆2004年版，第105页。

⑧ 徐震堮译：《白璧德释人文主义》，《学衡》1924年第34期；又见吴宓《吴宓诗集》，吴学昭整理，商务印书馆2004年版，第126页。

为要，以《牛津尖塔》《挽歌》《古决绝辞》《愿君常忆我》等为代表。

所翻译的主要诗人有阿诺德、罗色蒂、拜伦、华兹华斯、雪莱等人。吴宓在《吴宓诗集》卷首中说，自己所追慕的中国诗人有三家，分别是杜工部（杜甫）、李义山（李商隐）和吴梅村（吴伟业），所追慕的西方诗人也有三家，都是英国诗人，分别是拜伦（Lord Byron）、阿诺德（Matthew Arnold）和罗色蒂（Christina Rossetti）。三人之中，拜伦的诗，吴宓只翻译了一首，即《译拜伦孤独》，但拜伦对吴宓之诗歌创作的影响却是非常深远的，吴宓不仅在诗作中多次以拜伦为典，他所作的《西征杂诗》也是深受拜伦之《王孙哈鲁纪游诗》第三曲①的影响。阿诺德的诗，吴宓仅仅翻译了《挽歌》一首，不过阿诺德对吴宓的影响主要体现在他的人文情怀和文化思想上；罗色蒂女士的诗，以其“至美至真至善”吸引着吴宓，她的诗吴宓一共翻译了《愿君常忆我》《古决绝辞》《逝矣逝矣》《生日诗》四首，而且也专门写过介绍诗人和赏析诗作的文章②，就像对待阿诺德一样③，另外，吴宓在《吴宓诗集》之卷首部分，自评诗集中的诗作时，也给了自己所译的罗色蒂的这几首诗很高的评价，吴宓认为其价值甚至超过了自己的多数诗作：

> 此集编辑体例，有作必收。原待高明读者自为甄选去取，非敢谓集中之诗皆具可存之价值也。或问，设有人编为今世中国诗选，应录君集中何篇？则当对曰《壬申岁暮述

① Childe Harold's Pilgrimage，canto Ⅲ.

② 吴宓：《论罗色蒂女士之诗》，《学衡》1926 年第 49 期。

③ 吴宓：《论安诺德之诗》，《学衡》1923 年第 14 期。

> 怀》四首（卷十三）。再问，其次当取何篇？则谨答曰《海伦曲》（卷十三）。三问，更求其次，则如何？对曰所译罗色蒂女士《愿君常忆我》（卷七）及《古决绝词》（卷十一）二篇。此外无可选录者矣。[①]

吴宓的译诗当然不止《吴宓诗集》中的收录，比如他在介绍白璧德新人文主义思想的时候，翻译了白璧德非常喜欢引用的爱默生的那首关于“人事之律”和“物质之律”的小诗[②]，再如吴宓在翻译《葛兰坚论新》一文时对其中三首英文诗的翻译[③]。相信吴宓的译诗远不止这些，比如他介绍《文学与人生》这门课的授课方法时就提及翻译，我们有理由相信他在《中西诗之比较》《英国浪漫主义诗人》等文学课上也同样少不了对诗歌翻译的讲解，更不用说他的《翻译课》了。不过，由于吴宓的许多资料要么遗失，要么还未见世，我们也没法准确地统计出吴宓译诗的数量，本书将以《吴宓诗集》中的收录为主要考察对象。

第二节 吴宓诗歌翻译的诗学支撑

上文介绍了吴宓诗歌翻译的总体情况，不过在具体分析吴宓的诗歌翻译之前，需要对吴宓的新人文主义诗学思想稍作介绍，

---

① 吴宓：《吴宓诗集》，吴学昭整理，商务印书馆 2004 年版，第 5 页。

② 吴宓译：《白璧德之人文主义》，《学衡》1922 年第 19 期；又见吴宓《文学与人生》，王岷源编译，清华大学出版社 1993 年版，第 43 页。

③ 这三首译诗依次为：“旧者诚多误，新者岂尽真。嗟嗟天下士，新旧何必论”；“若曹何所为，所为在怪体。惊彼不学者，长贻识者讥”；“神赐美酒，有旧有新，饮之皆甘，勖哉下民”。原文分别出自克罗（Arthur H. Clough）的《请再思之》（Ah! Yet Consider it Again），蒲伯（Alexander Pope）的《批评论》（An Essay on Criticism）和史体尔（Bishop Still）主教之祷文。见吴宓译《葛兰坚论新》，《学衡》1922 年第 6 期。

因为无论是吴宓或学衡派，还是新文化派，他们的诗歌翻译背后都会蕴藏着相应的诗学理念，而支撑吴宓诗歌翻译的除了他的翻译思想之外，还包括他的新人文主义诗学思想，这里将简要从诗歌的选材和诗歌的形式两个方面论述吴宓的诗学思想。

古今中外对诗的定义或对诗的论述可谓汗牛充栋，众说纷立，德国的莱辛（Lessing）在其名著《拉奥孔》（*Laokoon*）以及新人文主义学者白璧德所著《新拉奥孔》中所谈的就是诗界标准之丧失而引发的混乱情况。① 所以，如果要谈论诗歌创作或诗学批评，首先需要有标准，而这个标准首先就体现在对诗的理解和定义上。新人文主义诗学或古典主义诗学对诗之本质和功能的理解，集中体现于亚里士多德对诗的界定，即诗是对普遍性的模仿。白璧德在《新拉奥孔》中以亚里士多德的模仿论为基础，进一步讨论了模仿说基础上的表达与形式的关系，同时以古典之想象和形式与表达的统一为标准，对新古典主义与浪漫主义诗学之偏激提出了批评。

吴宓对诗的定义也是从这个角度展开的，而且吴宓对诗的定义也体现了人文主义的批评精神：并非草率地遵从某一家之言论或权威思想，而是综合考虑各家之短长，更重要的是结合了古今东西对诗之基本体验，而后对诗定义如下：

> 诗者，以切挚高妙之笔（或笔法）具有音律之文（或文字）表示生人之思想感情者也。Poetry is the intense and elevated expression of thought and feeling in the metrical language. ②

① Babbitt, I., *The New Laokoon: An Essay on the Confusion of the Arts*, Boston & New York: Houghton Mifflin, 1910.

② 吴宓：《诗学总论》，《学衡》1922 年第 9 期。

这同胡适的“八不主义”诗学主张[①]有很大的不同。诗是“内质”与“外形”、“材料”与“格律”的统一体，缺一不可：“形与质不可分离，相合而互成其美，缺一则均归消失”[②]。诗的内质即为诗所要表现的思想感情，诗的外形则是指诗的韵律格调，徒有思想感情而不讲韵律格调、单纯追求韵律格调之工而缺乏思想感情，或者二者皆无，都不能成诗。而中国当时所进行的白话新诗运动昧于这一二元统一的诗学思想，片面追求个人和个性的表达，主张打破传统格律和文字的限制，因此创作的诗作大多都是“粗劣之白话诗”。吴宓对白话新诗的批评在很大程度上呼应了美国人文主义学者对以 Army Lowell 为代表的现代诗派的批评。

那么诗在内质和外形上各有什么要求呢？在诗所表达的思想感情上，简单来说就是要切挚高尚，“诗首贵真诚”，所表达的情感要真；同时这种感情必须高尚，高尚的感情就是仁，也即合乎道德，诗教之功能也由此而来[③]。为达到这一目标，诗人必须本着“温柔敦厚之心”和“悲天悯人之情”，充分发挥高上之想象，对材料进行“整理修缮”，对实境展开加工和改造，以创造出一个包含了人生之至理和事物之真象的“幻境”[④]，也即吴宓所说的“一多”和“两世界”的融合。吴宓将这种由实境到真境的诗歌创作过程具体表述如下：

诗中之自然程序为：（1）由现实世界渐进至理想世界。

① 胡适：《胡适文集：卷二》，北京大学出版社 1998 年版，第 6—15 页。
② 吴宓：《诗学总论》，《学衡》1922 年第 9 期。
③ 吴宓：《吴宓诗话》，吴学昭整理，商务印书馆 2007 年版，第 267 页。
④ 吴宓：《诗学总论》，《学衡》1922 年第 9 期。

> (2) 由多渐进于一。(3) 由浅思入深思，由浅感入深感。(4) 由普通、平见、庸俗，渐进于特殊、超异、奇美。(5) 由小我之自私自利及虚荣偏见，以进至大我真我之大公无私、博爱真理。(6) 由人生社会（日常生活于此中）以进至上帝或佛之天国极乐世界（庄严净土）。①

结合前文对新人文主义文学观的介绍，不难看出，吴宓对诗之内质即思想感情的说法也就是人文主义或古典主义所说的对普遍性的模仿。

在诗的外形即韵律格调方面，针对新文化派对传统文字和格律的大肆攻击以及对作诗自由的大声疾呼，吴宓指出，对诗之本质的正确认识不仅体现在对诗所要表达的思想感情的理解，更体现在对韵律格调的正确认识：韵律格调非但不是诗人诗性的障碍或天才的限制，相反是诗人的好友，是创作精品诗作所不可或缺的：

> 诗中韵律之功用，正以吾人出言下笔太过轻易，遂特设此种种严密复杂之规矩，作为抵抗之材料。忽来此心外之物，禁止吾人不得率意行事，乃可得佳诗也。此种规矩必须强半无理，使吾人愤怒不平，否则期功用失。奉行此规矩，遵守此韵律，然后作诗者乃失其自由而免危险，乃不至信口吟成，乃不至徒有意思，徒具印象……②

韵律的作用正是为了促使诗人苦心经营，用心探求，不断雕

---

① 吴宓：《吴宓诗话》，吴学昭整理，商务印书馆2007年版，第266—267页。

② 吴宓译：《译韦拉里说诗中韵律之功用》，《学衡》1928年第63期。

琢凝练，“不至一刻放纵怠惰，而率尔粗心吟成劣诗”[①]。失于韵律格调的制约，则会导致诗的堕落和诗界的混乱。

吴宓对待格律的态度，就如同他对待文字、儒家思想等传统一样，既反对一味排斥，又不会顽固守旧，而是始终如一地坚持传统与现代、新与旧的调和。他认为韵律并非一旦确定即绝对固定、不可更改，但以打破韵律或形式为目的的创作也不应该算是真正的文学创作：

> 诗之格律本可变化，而旧诗格律极有伸缩创造之余地，不必厌恶之，惧避之，废绝之也。凡作诗者，首须知格律韵调，皆辅助诗人之具，非阻抑天才之物，乃吾之友也，非敌也，信乎此，而后可以谈诗。[②]

无论是关于诗所要表达的思想感情还是诗之格律，吴宓的论述处处密合第二章第二节所述的新人文主义文学观，对诗歌之内质与外形的说法最终也还是回到了新旧的话题。文学的创作离不开对传统的因袭和模仿，但文学的本质却不是模仿传统。旧派流于形式的模仿，缺乏材料，缺乏对普遍性的直接模仿；新派则完全反对模仿，一味求新，既失于“温柔敦厚之心”，又受累于形式之混乱：

> 大率格律闻练者，每伤情薄而事空，情真而事实者，又往往于格律缺乏研究与训练。若夫斟酌于二者之间，得中道之至美，以新材料入旧格律，合浪漫之感情与古典之艺术，

① 吴宓译：《译韦拉里说诗中韵律之功用》，《学衡》1928 年第 63 期。

② 吴宓：《论今日文学创造之正法》，《学衡》1923 年第 15 期。

此乃唯一之正途。[①]

由于“文学创造家之责任，须能写今时今地之闻见事物思想感情，然又必深通历来相传之文章之规矩”[②]，所以文学创作之正法就是“以新材料入旧格律”，以“古典之艺术”融“浪漫之感情”。这一融合新与旧、统一表达与形式的诗学理念是吴宓新人文主义诗学思想的核心。

第三节　材料与形式并重、外来与传统相融的诗歌翻译

关于诗歌翻译，吴宓多次表达过“诗不可译”的观点，因为他认为“韵律格调，属于文字之本体，不能以他国文字表出”，鉴于此，吴宓指出，“诗决不能翻译，强译之亦必不佳”。[③] 他在《学衡》杂志的《英诗浅释》栏目中也说过类似的话：“异国之诗，本可不译，以原诗之神韵音节，绝非译笔所能传也。”[④]

尽管如此，吴宓还是对诗歌的翻译做出了积极的尝试和探索，并且根据自己对诗的体会和理解，结合杜来登（Dryden）、泰特勒（Tytlor）等前人关于译诗的思想言论，提出了诗歌翻译的注意事项：

凡译诗者，不惟须精通两国文字，且己身亦能诗，尤须

① 吴宓：《吴宓诗话》，吴学昭整理，商务印书馆 2007 年版，第 150 页。
② 吴宓：《论今日文学创造之正法》，《学衡》1923 年第 15 期。
③ 吴宓：《吴宓诗话》，吴学昭整理，商务印书馆 2007 年版，第 49 页。
④ 吴宓：《英诗浅释》，《学衡》1922 年第 9 期。

细察所译之作者意境格律之特点、即其异于他诗人之处，既得，吾乃勉强练作一种诗体，其意境格律与彼同，然后译之，始能曲折精到也。至于意译之法，简括言之，词藻尽可变化，而原意必不许失，执两用中，求其适当而已。①

这段话是吴宓转述杜来登（Dryden）在论述翻译之三种方法时所说的话，其中所示的主要观点我们在上一章翻译的伦理部分已有论述，这里暂且略过，而稍微论述吴宓笔下译诗所要经历的两个步骤：第一步是“精通两国文字”且兼具诗性的译者对原诗的全面理解、鉴赏和领悟；第二步是诗人译者本着对原诗的了解而选择适合于原意的格律和诗体，就如同选择文字以求近似一样。

换言之，一方面，诗是形式与表达的二元统一体，各种诗学传统在对诗之本质特别是在对诗歌格律之功用的认识上，具有较高的一致性；但另一方面，属于文字范畴的韵律格调又是不可译的，“强译之亦必不佳”。所以，只有精通两国文字且兼具诗人才气的译者才能深刻领悟原诗的意境和格律特点，并结合自己对原诗的理解和对本国诗学传统的了解，从译入语中谨慎挑选与原作精神相合的格律形式，而不是机械直译或置原诗形式于不顾。

下文且从吴宓对原诗的选择、“以新材料入旧格律”的翻译方法以及对译诗与创作之关系的体现三个方面考察吴宓的诗歌翻译。

一　原诗之选择：“宗旨正大”

新人文主义翻译观强调翻译的人文教化作用，对于这一点，

① 吴宓：《仙河集·编者识》，《学衡》1925 年第 47 期。

吴宓深受阿诺德（Matthew Arnold）的影响，[①] 他不仅引用了阿诺德对于“文化”的定义来解释翻译的功能和目的，而且也多次引述阿诺德对于诗教的说法[②]。这里且不必对吴宓译诗之人文教化功能作过多的论述，且集中讨论吴宓如何本着新人文主义的诗学思想，慎重选择、甄别、分析所要翻译的诗歌原作。

古典思想或人文精神主要体现于作品对普遍性的模仿、对真的追求和对“一多”“两世界”之关系的完美诠释，古典作品正因为如此才具有了“正大之宗旨”，也即吴宓在《诗学总论》中所强调的“切挚之笔”，这一新人文主义的诗学主题构成了吴宓选择原文的重要标准。[③] 如前所述，吴宓所译的诗歌在主题上主要分为天道人性篇和高尚感情篇两大类别。

（一）天道人性篇

以天道人性为主题的译诗，《吴宓诗集》中包含了《论天罚》《译人智之卓越》《译绝谷》《译习染》《译波斯诗人哈非思自题碣》《选译波斯诗人鄂马开亚谟四句诗集》《译薄伽梵歌》《译书中世界》《译壮往》《译灵感》《译信仰》《译日光》《译卡莱尔时箴》《译英国华兹华斯成幼不倦诗》等篇，从这些译诗的标题上大体就可以看出其主题思想：关于普遍之天理、永恒之人性和天人关系。这里且以《译薄伽梵歌》和《论天罚》两首译诗为例，来说明吴宓在选择原文方面对新人文主义主题思想的遵从，而且二诗也都与白璧德的新人文主义思想有着密切的联系。

先从《译薄伽梵歌》说起，由于原文和译文都较长，这里仅

---

① 新人文主义思想通常被视为阿诺德文化思想的延续。

② 吴宓：《吴宓诗话》，吴学昭整理，商务印书馆 2007 年版，第 77—87 页。

③ 这里在强调诗之主题或思想感情的同时，并没有忽略对形式因素的考量，见后文所述。

录译文，如下：

我身战栗，口干发竖，四肢疲软，不能战矣。Ⅰ－29
芸芸此众，皆我亲族。杀之何益？徒以取祸。Ⅰ－31
荣名快乐，非我所欲。战胜攻取，终亦何裨？Ⅰ－32
宁人杀我，我不杀人。纵得天下，亦所不为。Ⅰ－35
我必不战，愿神恕我。Ⅱ－9
汝言有理，顾诚多事。知者不忧，何虑生死？Ⅱ－11
人无死者，我固不死，汝亦不死，此众不死。Ⅱ－12
人生如寄，体亡魂存。魂兮悠久，常住不灭。Ⅱ－18
古语有云：谓我杀人，谓人见杀，二者皆误。Ⅱ－19
譬人更衣，以新代旧。魂脱此体，复入彼体。”Ⅱ－22
体内所藏，永不能灭。睹此终士，汝不当忧。Ⅱ－30
汝身为将，当为义战。溺职背义，无所逃罪。Ⅱ－33
勿计苦乐，勿问成败。挺身入战，庶可免尔。Ⅱ－38
不问收获，但问耕耘。既不贪功，亦勿袖手。Ⅱ－47
立诚无着，致行不息。成败无惊，无惊即诚。Ⅱ－48
智慧之士，行不邀功。遂免轮迴，得住福地。Ⅱ－51
汝能用智，不堕迷惘。古往今来，都不系心。Ⅱ－52
即有迷眩，立定脚跟。静思笃信，必底真诚。Ⅱ－53
惑溺诸色，缘着遂起。由着生欲，由欲起争。Ⅱ－62
行诸色界，而无爱憎。内凝立己，得致宁静。Ⅱ－64
绝去诸欲，所向无求。不存我见，必获静福。Ⅱ－71
古语有云：桎梏手足，纵心妄想，是谓伪善。Ⅲ－6
若彼真人，心为体主。用其肢骸，行而无着。Ⅲ－7
行所当行，较不行善。血脉凝滞，人身亦死。Ⅲ－8

故应无着，行事不息。行而无着，便成大觉。Ⅲ－19

俯仰三界，万事毕具。我无可为，犹当力行。Ⅲ－22

若我倦休，众人效仿。三界将灭，混乱无归。Ⅲ－23/24

愚人行事，为所着故。知者无着，行以励人。Ⅲ－25

勿同愚人，触处迷惘。效彼知者，行事得乐。Ⅲ－26

万事安排，自然之机。据为己功，愚不可及。Ⅲ－27

无欲而为，行必所知。若斯之人，乃可云智。Ⅳ－19

成败等观，不为行缚。随遇而安，不忮不求。Ⅳ－22

如火燃薪，变灰而灭。知之所烛，万行皆空。Ⅳ－37

坚信苦行，绝欲得知。知定而安，遂入正觉。Ⅳ－39

这首译诗，原出自吴宓所翻译的《世界文学史》[①] 一书之《印度文学》部分[②]，原文是印度文学中享誉世界的《薄伽梵歌》(The Bhagavad Gita)，又称《世尊歌》，不过吴宓并不是直接译自梵语，而是转译自穆尔的英译文[③]。我们且从以下几个方面来说明吴宓的选材与新人文主义之间的关系。首先，这首诗篇的选择，吴宓是具有很大自主性的。吴宓所翻译的诗歌中，多数是他在译书过程中碰到的，也就是说这些诗歌的选择在一定程度上是“强加”给吴宓的，当然，由于吴宓的学术翻译多数是与新人文主义主题思想相关，所以这些“强加给”吴宓的诗作并没有脱离新人文主义的关联。但是，这一段原文的选择却有所不同，吴宓所译的《世界文学史》之《印度文学》部分，原书只是笼统地介

① Richardson, W. L. & J. M. Owen, *Literature of the World: An Introductory Study*, Boston: Ginn and Company, 1922.

② 吴宓译：《世界文学史》，《学衡》1924 年第 29 期。

③ More, P. E., *Shelburne Essays*, *Vol. VI*, New York: Putnam, 1909, pp. 48－55.

绍了梵语文学中的两大史诗，而对作为其中一部史诗《摩诃婆罗多》（The Mahabharata）之一部分的《薄伽梵歌》却只字未提，吴宓在翻译这一部分的时候却加入了相当大的篇幅来介绍古印度文学，其中就包括对《薄伽梵歌》的这段节译。由此可见，吴宓对这首诗歌的选译是具有充分的自主权和明确的目的性的。

其次，这首诗所表达的核心思想不仅仅是吴宓所说的“行而无着”（work without attachment），其中更是蕴含了一种不同于古典人文主义的二元人性论：古典人文主义将人性理解为理智与欲望之二元，这首诗则隐含着理智本身也具有不稳定性，与感知一样流变不定。白璧德之高上意志与卑下意志的二元人性论以及将理智置于高上意志之下的思想都是直接受到了印度佛教的启发。而且特别需要指出的是，穆尔翻译《薄伽梵歌》的这一部分，也意在说明其中所展示的二元论思想①。所以，吴宓选择翻译这段话，不仅是为了介绍印度文学，更是旨在凸显新人文主义的立论基础，即需要以高尚之意志约束卑下之意志，以实现人内心之真、统一和幸福。对于吴宓本人而言，他也曾以“行而无着”的思想论述人生观的问题。②

值得一提的是，吴宓最早提到这段诗作是在他美国留学期间，据吴宓在1919年7月24日的日记所述，他读完穆尔的《谢尔本文集》全册之后获益极大，当时心怀祖国，但又迷惑于内忧外患、群雄乱舞、立说纷纭的时境，穆尔文集之六给了他极大的启示，特别是佛教规训，吴宓认为其中所宣扬的“不问收获，但问耕耘”的主题思想给处于乱世之人指明了一条既能自救又不弃

① More, P. E., *Shelburne Essays*, *Vol. VI*, New York: Putnam, 1909, pp. 43－64.
② 吴宓：《我之人生观》，《学衡》1923年第16期。

世的道路。[①]

天理人性之主题的另一例子《论天罚》与上例也有很密切的关系，原文和译文如下：

原文	吴宓的译文
Gold and Fair-fortune, with Power the victorious Harnessed beside them, in folly vainglorious Hurry man to his doom: Law he outpaceth, and lawlessness lasheth To speed; nor his heart doth incline To take heed to the end — lo, his car sudden-crasheth Shattered in gloom!	金多运复亨，威权慑四海。 长驱下峻阪，覆亡不及待。 礼法供溲溺，骄蹇增懈怠。 悬崖犹策马，戒慎忘真宰。 一旦身名裂，崩坠无穷悔。

这首诗是白璧德在论述古希腊、耶教、释迦、孔子东西四大传统对于人性之二元的认识时所引用的一小截诗[②]，原文出自古希腊三大悲剧作家之一欧里庇得斯（Euripides）的《赫拉克勒斯之疯狂》（*The Madness of Hercules*）。这首诗的意思很明确，就是告诫人们：不能盲目依从博放的欲望和疯狂的想象，不能无视天理，或丧失了对高上意志的谦卑，否则这种自傲、无知和盲目必定会遭到惩罚或报应。白璧德引述该诗，旨在说明人性之二元，即人需要以敬畏之心约束自己，以高尚之意志限制自己的冲动。因此，吴宓对这首诗作的翻译具有双重的意义：首先，选择这一主题的诗作就是对新人文主义主题思想的宣传；然后，吴宓的翻译过程则是对新人文主义思想的切实践行，这一点将在译诗方法部分明述。

（二）高尚感情篇

根据吴宓对诗的理解可知，诗固然可以讲道理，但最主要的还是表达真情实感。如诗学部分所述，新人文主义诗学对诗人的

① 吴宓：《吴宓日记之Ⅱ》，生活·读书·新知三联书店1998年版，第38—46页。

② Babbitt, I., *Democracy and leadership*, Boston & New York: Houghton Mifflin Company, 1924, p. 181.

要求是须有“温柔敦厚之心”和“悲天悯人之情”，所表现的感情不仅要真挚，更需要“高尚”，这样诗作才会展现出诗所应有的“正大宗旨”，这是吴宓选择原诗的基本标准，这里且以吴宓对《牛津尖塔》、阿诺德之《挽歌》以及女诗人罗色蒂之诗作的选择为例。另外，与《译薄伽梵歌》一样，吴宓在选择这些诗作时具有充分的“自主权”，都可谓是精挑细选，因为这些译诗多数是为《学衡》之《英诗浅释》和《译诗》栏目而准备的。

关于《牛津尖塔》（The Spires of Oxford），吴宓在对该诗的分析中解释说，与其他风靡一时但却会随时境变迁而销声匿迹的欧战诗篇相比，该诗更具备诗歌在本质上所应当具备的普遍性、永恒性和代表性，这主要表现两个方面：第一，在内容上，这首诗所表达的感情充满了诗作所必须具备的“温柔敦厚之心、悱恻缠绵之意”，没有“牵入一时一地之情感，一国一党之是非”，因此具有超越性和永恒性；第二，在形式上，该诗“格律韵调极佳，字义明晰，毫不费解”①。吴宓后来还特别通过诗作和游记，描述了1930年11月他在牛津大学访学期间所亲身体验的牛津尖塔所预示的那种庄重和严肃，进一步阐发了《牛津尖塔》所体现的精神和情怀②。

阿诺德的诗作《挽歌》也同样如此。阿诺德在诗作中所表现出的同样是“温柔敦厚之心和悲天悯人之情”，所表达的是19世纪宗教道德被破坏之后人心无所归依的忧虑和痛苦，而不是“寻常男女欢爱之情”或“天伦骨肉之情”。与此同时，诗人阿诺德又能够将这种高尚真挚的感情“纳于完整精炼之格律艺术之中”，

---

① 吴宓：《英诗浅释》，《学衡》1922年第9期；又见吴宓《吴宓诗集》，吴学昭整理，商务印书馆2004年版，第106页。

② 吴宓：《吴宓诗集》，吴学昭整理，商务印书馆2004年版，第229—231页。

所出之诗“词意明显，章法完密”[①]。吴宓还特别提到了阿诺德的诗作对古典精神的体现：他的诗作一方面遵循古典之形式，但另一方面又有自己的体验和情感，也即吴宓所说的“合浪漫之感情于古典之艺术”，是“以新材料入旧格律”的典范。另外需要指出的是，《学衡》杂志上还发表了阿诺德的其他两首诗，其一是《安诺德罗壁礼拜堂诗》[②]，其二是《鲛人歌》[③]，这两首诗吴宓虽然没有参与翻译，但是在这两首诗的翻译之前都加入了相当篇幅的“编者识”，意在介绍诗作的大旨和精神。

对于罗色蒂女士的诗篇，吴宓同样是本着新人文主义的诗学观来分析鉴赏并最终翻译的。女诗人的诗，吴宓一共翻译了4首，前文已有介绍，分别是《愿君常忆我》《古决绝辞》《逝矣逝矣》《生日诗》，吴宓在她的诗作中看到的是深厚的情旨和真挚凄婉但又不失高尚纯洁的缠绵之意，与同时代的另一位女诗人白朗宁（Browning）相比，吴宓说罗色蒂描述和体现的情感是“古今东西之名媛淑女贤母良妻之代表”，因此在“情形品质”和“诗之真正价值”上，“罗色蒂女士实在白朗宁夫人之上”。除了情感之真挚和高尚外，罗色蒂的诗作在辞句上也非常“纯粹”。[④]

值得一提的是，吴宓从新人文主义的角度甄别鉴赏这些诗作的主旨时，并没有忘记对形式因素的考量。那么，作为译者的吴宓在翻译中又是如何处理他所鉴赏的古典作品呢？这就是下一小

---

① 吴宓：《英诗浅释》，《学衡》1923年第14期；又见吴宓《吴宓诗集》，吴学昭整理，商务印书馆2004年版，第108—109页；吴宓《吴宓诗话》，吴学昭整理，商务印书馆2007年版，第77—87页。

② “Rugby Chapel”，见张荫麟、陈铨等译《安诺德罗壁礼拜堂诗》，《学衡》1925年第39期。

③ “The Forsake Merman”，见李惟果译《安诺德鲛人歌》，《学衡》1925年第41期。

④ 吴宓：《译诗》，《学衡》1926年第49期；又见吴宓《吴宓诗话》，吴学昭整理，商务印书馆2007年版，第88—96页。

节将要回答的问题。

二　翻译方法：以新材料入旧格律

批评和甄别是新人文主义翻译过程中必不可少的一环，那么在确定翻译对象之后，译者吴宓又是如何转换呢？诗歌既然是内质与外形的统一体，那么吴宓是如何选择合适的形式来传达原诗所表现的那种普遍性或高尚真挚的感情呢？

首先，吴宓坚持“诗人译诗”的原则，强调翻译之后的作品依然具有诗性，可以独立成诗：

> 译诗与译文同理，惟译诗者不特须精通两国文字，多识成语，且须具诗人之才与性，则为之方有可观耳。[①]

这很容易让人想起同为诗人与诗歌翻译家的布洛克所说的一段话：

> 一部好的译作应该能自主呼吸，无需借助原作的心肺，但须设法传达原作最重要的特征（不仅语义上，还有形式上），这都可以说是忠实，只是通常与字面准确混为一谈，学究们喜欢说，完美的翻译不可能，理是这个理，可是任何一件值得做的事情，无不如此。[②]

既然是以诗译诗，那么诗之体例或韵律自不可少。不同诗学传

---

① 吴宓：《吴宓诗话》，吴学昭整理，商务印书馆2007年版，第23页。

② 自译，原文见 https：//www. readpoetry. com/poetry-translation/.

统对这一点的认识大致相似，但在体例或韵律的具体表象上却各有差别，比如吴宓所考察的中西诗歌在韵律上的差异：中诗讲平仄，英诗讲轻重，拉丁诗则讲短长，这在本质上说是各种语言根据自身的特点对艺术之规则的模仿和遵从，但在具体组合规则上迥然不同。[①] 在文字的处理上，译者不能不加选择地字字、句句对应，否则就会陷入机械的模仿论而失掉对意义本身的把握，在诗体和韵律上同样如此，机械复制原文格律也同样会失掉原诗之意，但同时又不能全然不顾格律，否则译诗就难以“自有精彩”，就会因形式的缺失而“诗性”大减。因此在对待格律的问题上，一方面译者不能机械模仿而走向“形式主义”的误区，但另一方面又不能全然不顾原诗的格律，按照自己的意愿随意选择甚至完全打破。在文字选择上，吴宓的主张是在精通两门文字的基础上，追求两种语言中比较接近的表达，这里，文字所代表的是形式因素，是对译者表达之惰性或扩张的约束。同理，体例和韵律同样是发挥着提炼、精约表达的功能，所以在格律上，吴宓同样建议译者在“本国文章之与原文意趣格律相似者”[②] 中求得，比如他说荷马史诗与中国的弹词接近，所以，如果翻译荷马史诗，那么以中国的弹词体则会合适[③]。下面将分别以吴宓所选择的四言、五言、七言各一例，来说明吴宓译诗的体例与韵律选择，因为这三者构成了吴宓译诗的主要体例。

（一）四言

《吴宓诗集》中的译诗中，四言体一共有五首，分别是《译日光》《译吠陀中颂神之诗》《译薄伽梵歌》《译丁尼生角笛歌》《译英国华兹华斯成幼不倦诗》，另外，吴宓翻译《世界文学史》之《圣经

① 吴宓：《诗学总论》，《学衡》1922 年第 9 期。
② 吴宓：《论今日文学创作之正法》，《学衡》1923 年第 15 期。
③ 吴宓：《希腊文学史第一章　荷马之史诗》，《学衡》1923 年第 13 期。

文学》部分时，大体上也都是用四言体翻译原书中所节选的部分①。

从以上主题来看，这几首诗除《译丁尼生角笛歌》之外都属于“天道人性篇”，吴宓希望用四言这一中国最古老的体例，表达天道人性这一永恒而又庄重的主题。以《译吠陀中颂神之诗》和《译薄伽梵歌》为例，英文原文就如同圣经的语体一样，并不会给吴宓带来多大的压力，如《译薄伽梵歌》②：

原诗——出自穆尔之英译	《吴宓日记》中的“释义”	《学衡》之译
Ⅱ－47 “Thy service is in the work only, but in the fruits thereof never; Be not impelled by the reward of works, neither be attached to do no work.”	你的服务旨在只在于工作， 而绝不在于工作的成果； 不要被工作的报酬所驱使， 也不要依恋无所事事。	不问收获， 但问耕耘。 既不贪功， 亦勿袖手。
Ⅲ－19. Therefore without attachment ever lay hand to thy peculiar work, For he that doeth his work without attachment, he attaineth the Supreme.	因此随时着手做你自己的工作而无依恋之情， 因为任何人毫无依恋地做自己的工作， 就能达到最高的境界。	故应无着， 行事不息。 行而无着， 便成大觉。
Ⅳ－ 22. “He is equal in success and failure, And though he perform works, yet is he not bound thereby; He is content with what cometh of itself, He is above fortune and envieth not.”	他对成功和失败都一样对待， 虽然他执行工作，但是他并不受工作约束； 他满足于工作本身的乐趣， 他超然于命运之上，并且从无妒忌之心。	成败等观， 不为行缚。 随遇而安， 不忮不求。
Ⅳ－39. “He that hath faith and is assiduous. He that hath restrained his senses, obtaineth knowledge; And when he hath got knowledge, Quickly he entereth into the supreme peace.”	任何人只要有信仰，并且勤奋努力， 任何人只要节制了自己的感官享受，他就获得了知识； 当他获得了知识， 他就会立即进入最高的宁静境界。	坚信苦行， 绝欲得知。 知定而安， 遂入正觉。

这里我们不仅可以看到印度佛经的英文翻译，也即吴宓翻译的原文，也能看到吴宓所选择的四言诗体，更能将其与他在日记中所

① 吴宓译：《世界文学史第三章 圣经之文学》，《学衡》1924年第30期。

② 选择这几首，是因为这些都出现在了《吴宓日记》之中，更难得的是吴宓当时为所摘录的几首提供了自己的释义，见吴宓《吴宓日记之Ⅱ》，生活·读书·新知三联书店1998年版，第42—44页。

写的部分进行对比。穆尔的英译文在排列上并不是全部都如这里显示的一般用四行，大多数都是两行，在语言和体例上并不是很严格，读起来颇似钦定版《圣经》中的诗篇，语言简洁，意思明了。吴宓在日记中所留下的这几段白话体，如果以新文化派对诗的理解，那自然可以算是诗作，即便不是上乘，至少也还过得去，与原文一样朴实无华，且不拗口，不似他后来所尝试的几首白话体译诗。不过吴宓后来在《学衡》杂志中再次面对这段原文的时候并没有照搬当年日记中的译法，而是改为工整的四言体，其中的原因耐人寻味。吴宓大概既考虑到了穆尔英译文在表达上的简洁性，又考虑到了佛经偈语所应有的体例，可能还充分考虑到了佛典之唱和的特点，所以吴宓将其译为四言四句体。

再如吴宓以四言翻译华兹华斯（Wordsworth）之《彩虹》（the rainbow）诗[①]：

华兹华斯之原诗（The Rainbow）	吴宓之译
The Rainbow My heart leaps up when I behold A rainbow in the sky: So was it when my life began; So is it now I am a man; So be it when I shall grow old, Or let me die! The Child is father of the Man; I could wish my days to be Bound each to each by natural piety.	成幼不倦诗 忽见彩虹，我心跃起 纯粹光明（此四字乃按原诗意所加）如是如是， 我今成人，犹同生始 老当不异，不然宁死 少成习惯，壮莫能徙 虔奉自然，永无休止。

Wordsworth的原诗以四音步抑扬格为主，吴宓在翻译的时候即选用了中国诗歌传统中的四言与之对应，这当然也少不了对原文本身的考察，原诗的语言和意思比较浅显，并非如中国古诗那样含蓄，吴宓的译语如果以他所说的白话文为标准，就是“通俗

① 吴宓：《吴宓诗集》，吴学昭整理，商务印书馆2004年版，第448页。

而不粗鄙”，“明显”而又“典雅”。另外，为了平衡译文的节奏，吴宓还“照原诗意”添加了两行，于是原诗的9行变成了12行。

（二）七言

在四言体的选择上，吴宓不仅有对原诗之主题的考量，还有包括对原诗之格律规则的尊重，如上例中的以四言来翻译四音步诗行，不过这也不是绝对的，至少在音律上，四音步与中国的七言体也很接近，所以吴宓有时也会选择用七言体来翻译四音步诗歌，比如他翻译的《古意》①：

原诗	吴宓的译诗
Counsel to girls	古意
GATHER ye rosebuds while ye may, Old Time is still a-flying; And this same flower that smile to-day, To-morrow will be dying.	有花堪采只须采， 光阴如飞去不回。 今朝含笑双蓓蕾， 明日凋落安在哉？
The glorious Lamp of Heaven, the Sun, The higher he's a-getting The sooner will his race be run, And nearer he's to setting.	曈曈初日出云天， 飞升直上照寰海。 跳丸急转下虞渊， 倏见夕阳已西改。
That age is best which is the first, When youth and blood are warmer; But being spent, the worse, and worst Times, still succeed the former.	人生青春苦无价， 秾情绮貌人争夸。 春风秋月欢场罢， 等闲衰老空咨嗟。
Then be not coy, but use your time; And while ye may, go marry: For having lost but once your prime, You may for ever tarry.	速占凤卜托良媒， 摽梅愿得及时嫁。 莫令蹉跎心志灰， 终身寂寞容华谢。

原诗格律，在音律上是四音步抑扬格（iambic pentameter），在韵律上是ABAB，即隔行押韵。在语言句法上流畅明快。吴宓的翻译，在体例上为七言，与原诗歌行的音节数大体一致；在韵

① 吴宓：《英诗浅释》，《学衡》1922年第12期；又见吴宓《吴宓诗集》，吴学昭整理，商务印书馆2004年版，第108页。

律上，吴宓也模仿了原文，隔行押韵；另外在韵脚上，吴宓也特意模仿了原文，比如吴宓以“十贿韵之採蕾二字”对应原诗首节中的may与-day之韵，用“一先韵之天渊二字”对应原诗此节中的sun与run之韵[①]。

不过，我们并不能简单地说吴宓用七言体即是为了对应四音步诗行。吴宓在他的《西征杂诗》叙中说道，自己所作的《西征杂诗》模仿了拜伦之《王孙哈鲁纪游诗》第三曲（Childe Harold's Pilgrimage,Canto Ⅲ.）的结构章法，全篇为七律诗，因为吴宓认为：

> 七律之体，与拜伦原作之Spenserian Stanza最为接近。此八句，彼九行，一也。中幅对偶，合整与杂，二也。此每首韵字，凡四或五，彼每首叶韵之字，多者为五（但其韵格，每首不止一韵，此在中文，断难学步），三也……[②]

鉴于上述所说的七律与斯宾塞体的类似，吴宓在翻译拜伦之《孤独》时即使用了七言体：

拜伦的原诗	吴宓的译诗
Solitude There is a pleasure in the pathless woods; There is a rapture on the lonely shore; There is society where none intrudes, By the deep sea, and music in its roar: I love not man the less, but nature more, From these our interviews, in which I steal From all I may be, or have been before, To mingle with the universe, and feel What I can ne'er express, yet cannot all conceal.	译拜伦孤独 径灭林中独步乐， 踪消岸上亦婆娑。 汪洋碧海钧天乐， 独我无人趣转多。 与人相远与天近， 天然逸兴姿探拟。 往者不穷无限新， 渐与天地为一体。 噫吁嚱，我欲无言而言不能已。

① 吴宓：《英诗浅释》，《学衡》1922年第12期。

② 吴宓：《吴宓诗话》，吴学昭整理，商务印书馆2007年版，第149页。

原诗出自拜伦之《王孙哈鲁纪游诗》第4曲第178首。虽然吴宓《南游杂诗》之创作中须严格遵照七律体，但在翻译拜伦之诗作的时候，却表现了一定的弹性，即依然用七言，但却不会盲从或固守七律，或者说认为形式不可变，相反，在七言八句之后又依照原文增添了一句“噫吁嘻，我欲无言而言不能已”。在韵律上吴宓也尽量依照原诗的韵脚，在充分考虑形式的基础上，也尽可能地转存了原诗的意义。

（三）五言

相对而言，五言是吴宓译诗中使用最多的体例，《吴宓诗集》中的五言体译诗有23首，占到全部译诗的半数之多。吴宓通常会使用五言体例来处理五音步的诗行，比如他所译的罗色蒂的《愿君常忆我》[①]：

罗色蒂的原诗	吴宓的译诗
Remember	愿君常忆我
Remember me when I am gone away,	愿君常忆我，逝矣从兹别。
Gone far away into the silent land;	相见及黄泉，渺渺音尘绝。
When you can no more hold me by the hand,	昔来常欢会，执手深情结。
Nor I half turn to go yet turning stay.	临去又回身，千言意犹切。
Remember me when no more, day by day,	絮絮话家常，白首长相契。
You tell me of our future that you planned:	此景伤难再，吾生忽易辙。
Only remember me; you understand	祝告两无益，寸心已如铁。
It will be late to counsel then or pray.	惟期常忆我，从兹成永诀。
Yet if you should forget me for a while	君如暂忘我，回思勿自瞋。
and afterwards remember, do not grieve:	我愿君愉乐，不愿君苦辛。
For it the darkness and corruption leave	我生无邪思，皎洁断纤尘。
a vestige of the thoughts that once I had,	留君心上影，忍令失吾真。
Better by far you should forget and smile,	忘时君欢笑，忆时君愁颦。
Than that you should remember and be sad.	愿君竟忘我，即此语谆谆。

女诗人罗色蒂之诗在内质和外形上与新人文主义之诗学理想的契合度上文已有介绍，这里且稍微分析吴宓所使用的体例。原诗为

① 吴宓：《吴宓诗集》，吴学昭整理，商务印书馆2004年版，第135页。

十四行诗，不过不是莎士比亚式的十四行体，即由三节加两行组成，以 ABAB CDCD EFEF GG 为韵式，而是彼特拉克体或八六体(Petrarchan sonnet)，前八行的韵式是 ABBA ABBA，后六行则为 CDECDE 或 CDCDCD（也会有其他变体，如 CDDCDD，CDDECE，CDDCCD)，罗色蒂这首十四行诗的韵式就是 ABBAABBA CDDECE。吴宓以“瞋”、“辛”、“尘”、“真”、“颦”、“谆”的押韵方式翻译韵式为 CDDEDE 的后六句，而且为了押韵，他甚至不惜将“辛苦”倒过来说。在诗行选择上，吴宓通常会用五言双行来对应原文的五音步抑扬格诗行，他在翻译《古决绝辞》时就使用了这种体例。

除诗体的选择之外，还值得一提的是：吴宓的译诗相对于原文，增添了不少。吴宓在其诗集的自序中说，这两首译诗可以算作整个诗集中第三好的诗篇。[①] 在翻译部分也介绍过吴宓对翻译与创作之关系的看法，他说翻译虽非创作，但二者的过程一样，都是要实现一与多、表达与形式的统一，所以“翻译亦模仿之良法，可为之，然翻译之佳而入神者，已进于创造之境矣”[②]。通过吴宓对自己诗作的评价，也从吴宓译诗与原诗的对比中，不难看出吴宓在翻译过程中的创造性处理，他要么增添了具体的情景或氛围，或将个别表达进一步延长，罗色蒂的原诗语言很简洁，意思很凝练，甚至有些含蓄，幽意缠绵，吴宓则将这种含蓄、幽抑、内敛的凄切加以渲染，使之显化或外露。

不过吴宓译诗的创造性处理也有诗学的因素，中英文在语言和句法上的差异在诗歌中最直接的表现就是：英文诗通常比较直白晓畅，而中文诗则比较含蓄，意义也比较浓缩。所以，翻译这

---

① 吴宓：《吴宓诗集》，吴学昭整理，商务印书馆 2004 年版，第 5 页。

② 吴宓：《论今日文学创作之正法》，《学衡》1923 年第 15 期。

首诗，如用五言两行每句来翻译在语言上偏于浅显的一行原诗时，译者就不得不有所发挥。

由此可见，诗体的选择并非固定。首先，如要译诗本身有艺术价值或“自有精彩”，根据人文主义的诗学思想，译者就必须兼顾形式与表达，必须要选择一定的体例，而不能完全置体例于不顾或不顾诗学传统之差别而机械模拟原诗之外形；其次，外形或韵律格调的选择需要与原诗的思想情感相统一，不宜盲从或固定化。以五言为例，吴宓用五言除了翻译五音步诗行之外，还用过五言来翻译四音步的诗行，比如《牛津尖塔》《安诺德挽歌》《死别》等诗是四音步抑扬格体，《译雪莱天方革命纪诗序》的原诗是斯宾塞体，与拜伦《王孙哈鲁纪游诗》的诗体一致，吴宓翻译时却全部处理成五言体。总之，在诗体和韵律的选择上，吴宓是在充分了解和对比中英诗学传统及诗体特点之后做出的决定。

三　“一多”视角下的翻译与创作

吴宓的诗歌创作理念和他的诗歌翻译思想是一致的，都可以用“以新材料入旧格律”这一基本原则来概括，在吴宓的诗作中我们会经常看到吴宓对新材料的使用，比如在诗作中偶尔会用到雪莱、阿诺德、拜伦等人的某些诗句，还经常会以西方的人物典故入诗，由此便产生了一种很有意思的现象：吴宓在诗歌创作中，当新材料的使用达到了非常密集的程度时，诗歌创作和诗歌翻译之间的界限就渐趋模糊，《海伦曲》① 和《病目》② 是其中的两个例子，

① 吴宓：《吴宓诗集》，吴学昭整理，商务印书馆2004年版，第266—267页。

② 吴宓：《吴宓诗集》，吴学昭整理，商务印书馆2004年版，第165页。

前者是吴宓根据荷马史诗之《伊利亚》（*Iliad*）与《奥德赛》（*Odysseus*）、桓吉尔（*Virgil*）之史诗《埃涅伊德》（*Aeneid*）、希罗多德（Herodotus）所著之《希腊史》等所叙述的海伦故事写成的，他后来给予了这首诗作很高的评价，认为这是在自己诗作中仅次于《壬申岁暮述怀》的第二好的诗篇。[1] 不过由于全诗的叙事过于宏大，材料比较广泛，没有固定的文本可循，再加上吴宓在该诗的结尾部分还表达了个人当时的忧思，总体上创作的成分较大，尽管如此，这也可算是吴宓对海伦故事的“翻译”（这里暂且不提吴宓的“海伦故事”）。

而在第二例中，翻译与创作的界限就非常模糊了，这里只选取《病目》中与当前话题相关的一段，并且与原文并置：

吴宓《病目》节选[2]	弥尔顿之《关于他的失明》（On His Blindness）
（1）念昔弥尔顿，目盲成短歌。	When I consider how my light is spent,
（2）呵空问上帝，遇我无乃苛。	Ere half my days, in this dark world and wide,
（3）汲汲惟行善，吾志常淬磨。	And that one Talent which is death to hide
（4）奈何夺吾明，幽暗此修罗。	Lodg'd with me useless, though my Soul more bent
（5）帝怒严责之，曰汝慎无讹。	To serve therewith my Maker, and present
（6）帝力弥万有，何暇计平颇。	My true account, lest he returning chide;
（7）众生衔帝命，来往如奔梭。	“Doth God exact day-labour, light denied?”
（8）日夕不得息，登山涉海波。	I fondly ask. But patience, to prevent
（9）亦有潜修士，恭简在岩阿。	That murmur, soon replies, “God doth not need
（10）安居无所营，冲淡守天和。	Eitherman's work or his own gifts; who best
（11）此亦吾所眷，动静两无那。	Bear his mild yoke, they serve him best. His state
（12）汝当安义命，修德自婆娑。	Is Kingly. Thousands at his bidding speed
（13）帝功无穷大，汝力细如何。	And post o’er Land and Ocean without rest:
（14）谓帝需汝助，妄言应受诃。	They also serve who only stand and wait.”

在形式上，吴宓的这一段与弥尔顿的原诗很对应，看起来像是吴宓用五言体进行的翻译，如同他翻译罗色蒂女士的十四行诗

① 吴宓：《吴宓诗集》，吴学昭整理，商务印书馆2004年版，第5页。
② 吴宓：《吴宓诗集》，吴学昭整理，商务印书馆2004年版，第165页。

一样，每两行为一句，对应于原诗的五音步抑扬格（iambic pentameter），而且一共14句，与原诗之14行也很对应。在韵式上，弥尔顿的原诗是abba abba cdecde，吴宓的韵脚为“e”“o”。虽然在格律上与原诗不同，但这并不影响，至少在诗的体例上二者还是比较接近的。

如果形式上不足以说明问题，那么我们可以根据二者所表达的意思来判断。弥尔顿的诗作表达的是：一个虔诚的教徒在壮年之时却双目失聪，希望从上帝那里得到解释，不过在发问之际，内心的声音告诉他，真正的虔诚是无论在何种情况下都矢志不渝，无论多么辛苦也都毫无怨言。吴宓的诗作基本上也表达出了这个意义：第1句是总括，因为这一小节是《病目》的一部分，所以吴宓加入这一句，旨在表明出处；第2、3、4句是诗中叙事者之发问及其原因：上帝对我是不是严苛了？我一直行善修炼，您却夺走了光明，让我陷入黑暗，对应于原文第8行以前的部分，但原诗之第1、2、4句并没有一一传达；第5句是添加的部分，同时原诗第8行没有译出；第6句勉强对应第11；第7、8、9、10四句则是对第11—14句的说明；第11—14各句则是依据情节而设。从这一对比来看，二者虽然在故事情节上比较相似，但在部分细节的详略度上却大不相同，而且叙事方式也各异：弥尔顿的诗读起来更像是一个虔诚信徒在自言自语，即内心两个声音或两种自我的对话，表现出来的是个人对上帝之爱的领悟；吴宓的诗作则像是上帝以具体言说者的身份对牢骚满腹的信徒的斥责。

如果我们以吴宓的翻译思想为标准的话，这一段究竟是翻译还是创作的确很难判断，如果是翻译的话，那更接近与Dryden所说的那种imitation，即译者根据自己的意愿和需要，对原作的处理比较宽泛自由；如果从吴宓诗歌创作理念的角度来说，这是

“以新材料入旧格律”的典范。因此，根据第三章第四节关于吴宓对翻译本质的理解，我们可以将《病目》视为以新入旧、形质并重、面向创作的翻译。

第四节 小结

由以上论述，我们可以总结出吴宓诗歌翻译的几个方面：第一是慎重选择翻译的对象，这是新人文主义诗学批评思想的应用过程；第二是对韵律和格调的选择，这不仅包括对原诗之精神和格律的鉴赏，更包括对中国诗学传统的掌握；第三是文字体例的选择。本章重点关注的前两个方面，即原文的选择和译文格律的甄取，文字体例方面的考量则会在下一章重点介绍。

新文化运动时期，新文化派对待传统诗歌体例的态度，就如同对待文字和文化一样，冠之以落后腐朽之名，恨不得除之而后快，视之为枷锁桎梏，极力倡导文学革命，无论是作诗还是译诗，都鲜明地展现出了这一倾向。具体到翻译上，无论是对原诗的选择，还是具体翻译方法，破旧出新成了主旋律。当以 Army Lowell 为代表的美国自由诗派在模仿流行于几十年前以马拉美为突出代表的法国自由诗时，中国的新文化派同样在致力于引进这一诗体，以促进诗界革命和文字革命。

吴宓和新文化派在译诗上的差别不仅表现在对翻译对象的遴选上，还表现在诗体选择上，即有韵诗与白话新体诗之对比，背后隐藏的则是二者对诗的不同理解。吴宓的新人文主义诗学思想重视诗歌形式和表达的统一，强调传统与现代、国粹与新知、古典与浪漫的融合，而自由诗派过于强调自由和打破束缚，在诗的感情和思想上求新求异，而且为实现其好奇心和对自然、自发性的表达欲，最终也将韵律和格式一并打破。一方面出于对人文主义诗学理念的实践，另一方面也是对当时国内作诗译诗之偏激的矫正，吴宓推出了这种既需发挥中国传统诗学精髓又不固守传统，既引进了外来经典却又不失原作精神的、国故与新知相融合的诗歌翻译理念。

第五章 吴宓的新人文主义小说翻译

严格来说，吴宓并不能算作小说翻译家，因为他翻译的实在太少了，沙克雷（W. M. Thackeray）的两部长篇小说他都翻译了很少的一部分[①]，就如同他的理想小说《新旧因缘》一样，虽然很早就开始安排筹划，但都仅仅开了个头，而他的另一部著作《人生要义》或《道德哲学》则始终停留在构思谋划的阶段。以吴宓的学术修养，如果他能坚持自己当初的志向，“每日译一页半”[②]，或者于若干年后听从贺麟的建议，接受文化部副部长周扬的邀请，离开西南师范学院而出任中央文史馆研究员，专心续译沙克雷小说[③]，或许我们今天至少可以见到两部翻译经典，吴宓小说翻译家的身份也许可以借此而得到广泛认可。

不过，这两部没有完成或者严格地说是刚刚开始的小说翻译背后却蕴含了丰富的人文主义意蕴。吴宓的诗歌翻译中处处显露

---

① 见第一章“吴宓的翻译经历”部分介绍。

② 吴宓：《吴宓日记之Ⅱ》，生活·读书·新知三联书店 1998 年版，第 58 页。

③ 据吴宓所述：“1961 年 9 月，宓至北京。贺麟君告宓：周扬尝公开主张，应调取宓为中央文史馆研究员，命宓住居北京，专力续译沙克雷之小说。贺麟欲陪导宓往谒周扬，宓惧祸，辞未往。”见吴宓《吴宓自编年谱》，吴学昭整理、注释、翻译，生活·读书·新知三联书店 1995 年版，第 231 页。

的是他的新人文主义诗学思想以及新人文主义翻译理念，而他在有限篇幅的小说翻译中所展示的新人文主义思想一点不亚于他的诗歌翻译。多年之后，吴宓在撰写《吴宓自编年谱》中总结自己一生的著述时也给了自己的这两部小说翻译以崇高的评价，就像他在诗集的序言中自评自己的诗作一样，他说："论文笔之美，宓一生所作，实以所译《名利场》及《钮康氏家传》为首选。"① 只不过我们需要关注的不仅仅是吴宓的语言，而是分析吴宓小说翻译的成因，也即吴宓的小说翻译与新人文主义之间的联系，这就需要充分考虑吴宓小说翻译背后所涉及的广阔知识图景。就像吴宓的诗歌翻译与其诗学思想密不可分一样，吴宓的小说翻译同样与他的小说批评思想联系在一起。鉴于小说翻译所涉及的丰富内涵，这里且不对他的人文主义小说批评思想做专门介绍，而仅仅从选择动机和翻译过程两个方面来论述吴宓的人文主义小说翻译。

第一节　原文选择：小说美学视域下的经典之作

如前所述，新人文主义的翻译思想非常看重翻译在培植道德、树立人文精神方面的功能和目的，这一功能的实现，首先就需要本着新人文主义的评判标准和价值取向，甄别、遴选、批评并最终确定翻译对象。在诗歌翻译部分，吴宓在选择原诗上并没有完全的自主性，但在小说翻译部分，吴宓则有充分的自主权。那么精通西洋文学、对西洋小说作家和作品可谓如数家珍的吴宓，为什么偏偏选择翻译沙克雷的这两部小说呢？或者这么问，沙克雷作品的译者并不止吴宓一人，即便是以吴宓所译的这两部

① 吴宓：《吴宓自编年谱》，吴学昭整理、注释、翻译，生活·读书·新知三联书店1995年版，第231页。

小说来说，先后也有别人译过，比如《钮康氏家传》后来有王培德的译本[①]，再如《名利场》，先后有伍光建和杨必的译本[②]，但为什么说吴宓选择翻译这两部小说，即便是他仅仅开了个头，就是对新人文主义思想的践行呢？我们的回答是：吴宓是本着新人文主义的小说美学在全面比较和深入分析的基础上做出的决定，这是其他译者都不曾做到的。

吴宓在《钮康氏家传》的译序中写道：

> 英国十九世纪之大小说家，常以沙克雷 William Makepeace Thackeray 与迭更司 Charles Dickens 并称，林琴南先生译迭更司之书甚多，吾国人遂多知有迭更司而未尝闻沙克雷之名。实则二人者，生同时，名亦相埒，所著书卷帙之多寡，亦复相等，而若论学问之淹博、文笔之隽雅、意境之高夐、工力之深到，则沙克雷且有一日之长。[③]

这一段引文透露出了吴宓选择沙克雷而非迭更司[④]的根本原因：沙克雷与迭更司同为维多利亚时代最知名的两位小说家，吴宓选择翻译前者，固然有后者已经为林纾所译、前者对国人而言相对陌生的原因，但更主要的理由是前者在艺术主题和表现手法上更高一筹，或者说前者更符合古典精神。无论是小说还是诗歌，无论是创作还是翻译，都需要有一定的批评标准，否则都会陷入一片混乱，那么吴宓凭什么说沙克雷比迭更司更

① 萨克雷：《钮可谟一家》，王培德译，人民文学出版社 1984 年版。

② 伍光建的译名为《浮华世界》，杨必则从吴宓的译名。

③ 吴宓：《钮康氏家传》第一回，《学衡》1922 年第 1 期。

④ 二者后来分别译作萨克雷和狄更斯，这里且从吴宓的译名。

高明呢？吴宓所用的批评标准是什么？沙克雷“文笔之隽雅、意境之高夐、工力之深到”又是如何体现的呢？

对于诗歌的翻译与创作，吴宓所倚仗的是新人文主义诗学思想，而在小说方面，吴宓也同样遵循着一定的标准，那就是他当年在哈佛大学所修《英国小说：从理查生到司各特》[①] 课程的老师梅纳迪博士（Maynadier）为菲尔丁（Fielding）的小说《汤姆·琼斯》（*Tom Jones*）所作的序言中所介绍的优秀小说必须具备的六个条件，分别是：（1）正大宗旨，（2）范围宽广，（3）结构谨严，（4）事实繁多，（5）情景逼真，（6）人物生动。[②] 另外一个问题是：这一套小说批评的标准是否契合新人文主义思想？换句话说，这是不是新人文主义的小说批评思想？结合第二章第二节的论述，也参考上一章吴宓对诗学的论说，我们也可以从内质和外形两个方面做如下推论：优秀小说或密合古典精神的小说，就是既在最大程度上展现了普遍性或人性之真，又不失完备之形式的小说。梅纳迪所总结的六个方面中，“正大宗旨”的要求与古典精神契合，而其余的五个方面则是为展现“正大宗旨”而对小说在形式或手法上的要求，因此这一套小说批评思想是对新人文主义文学观的集中体现。吴宓曾经用这一套小说批评的思想来审视中国古典小说《红楼梦》，然后惊喜地发现：“用中西小说比较，愈觉得石头记这一部书做的精绝，处处深合小说的法程原理。”[③] 比如在《〈红楼梦〉新谈》一文的开篇，吴宓谈道：

---

① “English novel from Richardson to Scott”，见吴宓《吴宓日记之Ⅱ》，生活·读书·新知三联书店 1998 年版，第 14 页。

② 吴宓：《文学与人生》，王岷源编译，清华大学出版社 1993 年版，第 27—28 页。

③ 吴宓：《理想小说〈新旧因缘〉》，《学衡》1924 年第 36 期。

> 《石头记》（俗称《红楼梦》）为中国小说一杰作。其入人之深，构思之精，行文之妙，即求之西国小说中，亦罕见其匹。西国小说，佳者固千百，各有所长，然如《石头记》之广博精到，诸美兼备者，实属寥寥。英文小说中，惟 W. M. Thackeray 之 *The Newcomes* 最为近之。自吾读西国小说，而益重《石头记》。若以西国文学之格律衡《石头记》，处处合拍，且尚觉佳胜。盖文章美术之优劣短长，本只一理，中西无异。细征详考，当知其然也。[①]

这段引文除了显示吴宓用这一小说批评之法评价《红楼梦》之外，还透露出两点重要的信息：第一，吴宓也曾用同样的方法评判过沙克雷；第二，吴宓通过评比，不仅验证了《红楼梦》的伟大，更显示出曹雪芹与沙克雷在小说手法上的类似，吴宓后来关于《红楼梦》的演讲和论说[②]都是对新人文主义小说批评以及新人文主义思想要义的践行。对于翻译而言，这一段引文同样蕴含着两层意思：第一，吴宓翻译沙克雷小说的决定绝非盲目或偶然，而是严谨分析的结果，换言之，吴宓本着新人文主义小说批评思想，在综合评比的基础上发现，沙克雷的小说同曹雪芹的作品一样，深合小说创作的法程，二人高于施耐庵和迭更司等其他小说家，因此吴宓希望将这部古典小说精品翻译过来；第二，鉴于沙克雷与曹雪芹在小说艺术上的巅峰成就，又鉴于形式因素或

---

① 吴宓：《〈红楼梦〉新谈》，原文是吴宓于1919年3月2日在哈佛中国学生会上的演讲稿，发于《民心周报》1920年3月27日、4月3日第17、18期，这里转引自徐葆耕《会通派如是说：吴宓集》，上海文艺出版社1998年版，第276页；又见吴宓著，周绚隆编《〈红楼梦〉新谈：吴宓红学论集》，人民文学出版社2021年版，第1页。

② 吴宓的红学论说，部分收录于吴宓著，周绚隆编《〈红楼梦〉新谈：吴宓红学论集》，人民文学出版社2021年版；还可参考沈治钧《吴宓红学讲座述略》，《红楼梦学刊》2008年第5期。

"格律"在文学作品中的重要而又特殊的地位，再考虑到新人文主义学者对于传统的态度，可以推知，曹雪芹小说的体例会成为吴宓翻译沙克雷小说的首选。第二个问题将在下一节中详细论述，这里将从"正大宗旨"和"真与全的刻画"两个方面对第一点即吴宓对沙克雷的批评鉴赏做进一步说明，以此明示吴宓选择翻译沙克雷的动机。

吴宓的批评鉴赏主要是围绕"小说与人生"这一主题展开的，这也是吴宓《文学与人生》之讲义的重要组成部分，核心也就是小说创作之与"一多"和"两世界"的关系。这一话题简单来说可以概括为两点：第一，小说要模仿人生的什么？第二，小说该怎么模仿？第一个问题不难回答，文学作品，无论是诗还是小说，都是对普遍性的模仿，这同样要求小说家要有"爱"，就如同诗人需要具有温柔敦厚之心一样，需要去把握人生之全体和人性之真，这是在主旨上对小说的要求，此即"正大之宗旨"（high seriousness）的来由，也是对"诗学正义"（poetic justice）的彰显。第二个方面其实是第一点的延续，是关于小说家该如何把握和展现这一普遍之真和人生人性之精义，也即在小说创作的过程中如何"多中见一"或如何由"实境"和"幻境"上升到"真境"的问题。这里不一一列举吴宓在日记、诗论、小说创作与批评等多种场合下对这一话题的论述，权且概括其大意，即眼前及生活中所发生的事实流变不定，似真似幻；而各种幻境看似缥缈，但却是普遍之真不可或缺的一部分，"幻乃真之一部分"，所以文学家不能够仅仅满足于"写实"，因为对实境的描写并不能达到对"真"和普遍的模仿，而是需要不断对实境经行加工、甄选、提升甚至美化，以创造出一种既符合经验事实，又能最大限度地彰显"一"或"真"

的幻境[1]。吴宓在《文学与人生》中也经常会以《红楼梦》之真幻两个世界和沙克雷之对于“人性之真”和道德理想的论述来说明这一创作过程和艺术追求。

而在艺术手法上，我们可以引述吴宓对沙克雷与迭更司的对比，他说不仅二人的描述对象不同，在手法上更是迥异：

> 迭更司直而显，扬善嫉恶，唯恐不及，其弊则书中之善人，几同贤圣，而恶人者皆如鬼蜮，刻画过度，反而失真，且其人多性行一偏，言动怪癖，著者力诩其音容宛具，栩栩欲活，而读者则以其不近人情，殊类优孟，粉墨衣冠，插科打诨而已；沙克雷则不然，用笔婉而深，似褒实贬，半讥若讽，描画人物，但详其声色状貌之流于外者，而于微处，偶露其真性情，明眼读者，自能领悟，而沙氏则不自著评语，恶人必有才足以济其孬，善者常有失以为德之累，读者但觉其入情入理，合乎世中实境，而沙克雷赏善惩恶之意，自已潜入人心，深固不拔，不必如迭更司之叫嚣愤激，唯恐人之不喻其旨也。[2]

艺术不仅需要模仿“真实”，更需要以“真实”的手法出之。迭更司“刻画过度”，虽然描绘得“栩栩欲活”，无论是作者还是读者，都觉得畅快淋漓，但却显得“不近人情”，不合情理，因此“失真”；而且过于直接，甚至是“叫嚣愤激”。

---

① 吴宓多次论及“三境”说及其与小说创作的关系，而集中体现于《理想小说〈新旧因缘〉》（《学衡》1924 年第 36 期）和《论写实小说之流弊》（《中华新报》1922 年 10 月 22 日；又见严家炎编《二十世纪小说理论资料第 2 卷》，北京大学出版社 1997 年版，第 285—290 页）。

② 吴宓：《钮康氏家传》第一回，《学衡》1922 年第 1 期。

沙克雷则不同，充分认识到人性之全而不偏激，“入情入理，合乎世中实境”，而且以“用笔婉而深”晓示善恶之意。应该说这是很精到的概括，我们也很容易从二人作品中找到直接的证据。

总之，吴宓对沙克雷的选择和偏爱，有着充分的新人文主义理据，背后隐含的是对新人文主义文学价值和批评标准的遵从和履行。我们且不必引述吴宓如何以沙克雷入诗或者如何以沙克雷作品中的人物来类比自己生活中的人物来论证他对沙克雷的欣赏，而吴宓对沙克雷的这种批评和鉴赏也同样见于他在译文中所添加的大量注解。

第二节　翻译方法：经典与经典的融合

通过上述论证，我们可以看出，吴宓翻译沙克雷是本着新人文主义文学批评思想，在深入批评和广泛对比的基础上所做出的慎重选择，那么这一批评的眼光和慎重的态度又将会如何影响到他的翻译过程呢？这里将从小说体例的选择、文字的选用和注解的使用三个方面来阐述吴宓的新人文主义小说翻译。另外，相对于仅仅翻译了第一章的《名利场》而言，完成了前面六章的《钮康氏家传》算得上是吴宓小说翻译的主体，而且，据吴宓介绍，虽然人们通常将《名利场》视为沙克雷的代表作，而实际上沙克雷小说中最精到的当属他在晚期所完成的《钮康氏家传》[①]。与沙

① 吴宓在《钮康氏家传》第一回的译注中，系统介绍了沙克雷作品的三个阶段以及各阶段的主要作品：“沙克雷所著书，以其先后之次序，分为三类：一曰戏谑时期 Spirit of Burlesque，例如 *Barry Lyndon* 一书属之；二曰讽刺时期 Spirit of Satire，例如《名利场》*Vanity Fair* 一书属之；三曰仁爱时期 Spirit of Love，例如《钮康氏家传》*the Newcomes*（转下页）

克雷同时代的作家 James Hannay 也宣称："我敢断言，在沙克雷的小说中，《名利场》最亮，《埃斯蒙德》（*Esmond*）最美，但综合而论，《钮康氏家传》可能最伟大。"[①] 有鉴于此，这里将重点分析《钮康氏家传》。

无论是诗歌翻译还是小说翻译，体例的选择对吴宓来说都是非常重要的，毕竟在新人文主义的批评框架内，形式与表达都不可或缺。而在形式选择上，吴宓是非常慎重的，既反对完全不顾形式的率性而为，又反对将形式僵化或固定化，不顾原文作品之思想内容和形式特点而简单选取某种体例，或完全不顾两种文学传统在文字形式上的差异机械模仿原文之形式，这些都属偏于一极的行为。个人的完善需要处理好二元人性的统一，古典作品的创作需要处理好形式与表达之间的关系，同样的道理，完美的翻译需要处理好形式与内容的关系。

小说的翻译也不例外，虽然小说的体例不似诗歌那般多样，但其选择却非常重要。那么吴宓在翻译沙克雷的这部小说的时候，又是如何选择体例的呢？也就是说，吴宓在翻译之前，进行过何种比较和分析，而后又确定了哪一种他认为是与原文小说比较接近的体例？上一节已经介绍了吴宓本着新人文主义的小说批评原理对沙克雷和曹雪芹二人作品的分析和鉴赏，结合吴宓在深入了解和广泛对比的基础上求近似的翻译原则，不难看出吴宓小说翻译的体例选择，也即《红楼梦》所体现的中国古典小说体例。其实早在哈佛求学期间，吴宓就已经形成了这种认识：

（接上页）一书即属之，此书之出最晚，故亦最精到，纯系仁厚之旨，而少刻薄之意，故吾首译《钮康氏家传》，非无因也。"见吴宓《〈钮康氏家传〉第一回》，《学衡》1922 年第 1 期。

① Hannay, J., *Studies on Thackeray*, London: George Routledge & Sons, 1868, pp. 28 – 29.

> 读Thackeray之Newcomes毕，绝佳。英国近世小说巨子，每以Dickens（林译迭更司）与Thackeray并称，其实Dickens不如Thackeray远甚，约略譬之，Dickens之书，似《水浒传》，多叙倡优仆隶，凶汉棍徒，往往纵情尚气，刻画过度，至于失真，而俗人则崇拜之（见P. E. More "*Shelburne Essays*"论Dickens之文）。而Thackeray则酷似《红楼梦》，多叙王公贵人、名媛才子，而社会中各种事物情景，亦莫不遍及，处处合窍。又常用含蓄，褒贬寓于言外，深微婉挚，沉着高华，故上智之人独推尊之。乃Dickens全集，几皆译成中文，而Thackeray之书，则尚无一译本，宁非憾事？宓读*Newcomes*竟，决有暇即必译之。每日译一页半（约五百字），三年可毕。译笔当模仿《红楼梦》体裁，于书中引用文学美术之字面，则详为考证，并书中之外国人名、地名、史事，均另加注解，以便吾国人之领悟。宓尝有志著小说，或著或译，不久必将着手也。[①]

吴宓在《钮康氏家传》的译序中进一步重申了沙克雷与迭更司之对比，并再次以水浒与红楼在艺术手法或小说法程上的差异来类比，以此说明“迭更司不如沙克雷远甚”。更重要的是，在这种纵向和横向的对比批评中，吴宓做出了一个很重要的选择，即“模仿《红楼梦》体裁”去翻译沙克雷的*The Newcomes*，而且吴宓指出，这一决定“并非有意摩古书”，而是“旨为达原作之文体文情”，是在彻悟原作基础上，“求吾国文中与原文相当之文体”，[②] 因为吴宓透过新人文主义的小说美学，看到了《红楼梦》

---

① 吴宓：《吴宓日记之Ⅱ》，生活·读书·新知三联书店1998年版，第57—58页。

② 吴宓：《梦中儿女·编者识》，《学衡》1922年第9期。

与 *The Newcomes* 在小说的伟大程度和经典方式上相似。具体来说,《红楼梦》的体例在吴宓所译的《钮康氏家传》中体现于对章回体体例和文字文体的模仿上。

一 回目的精心编纂

在回目上，吴宓模仿《红楼梦》的体例，为所译出的每一章都撰写了一个八言两句的标题，一如他在所翻译的首章之后的附识中所说：

> 按原书共八十章，今译为八十回，以每章为一回，分书段落，悉依原书，俾读者可比并而观，惟每回题目，八言二句，则系译者所杜撰。①

吴宓在撰写《吴宓自编年谱》中总结自己一生的著述时，不仅对自己所译的这部小说评价极高，而且还特别提到了回目，说这些都是自己“精心结撰”的。吴宓所撰写的回目具体如下：

第一回乌萃鳞集寓言讽世，涤腥荡秽壮士斥奸
第二回织素缘恩深完好梦，芦花孽情误走天涯
第三回青鸟传书金钱骨肉，白头话旧风雨沧桑
第四回陋室德馨英雄训子，谈言微中壮士衡文
第五回慕荣华至亲成陌路，娱晚景老父抱痴心
第六回薰莸冰炭两弟薄情，腹剑唇枪一侄构怨

① 吴宓：《〈钮康氏家传〉第一回》,《学衡》1922 年第 1 期。

虽然我们在这里论述的只是体例，但读到这些回目，还是不由得赞叹吴宓用词之优美、对仗之工整，自然却不粗俗，典雅却不矫饰，如果再结合每一章的内容而回看，更让人感叹吴宓概括之精到。所以，单从回目上看，无论是形式还是炼字，都颇有《红楼梦》的感觉。而沙克雷原作的标题所提供的只不过是很简洁的一点提示：

1. The Overture——After Which the Curtain rises upon a Drinking Chorus

2. Colonel Newcomes' Wild Oats.

3. Colonel Newcomes' Letter-box

4. In which the author and the hero resume their acquaintance

5. Clive's uncles

6. Newcome brothers.

这里不必再列举吴宓在翻译《名利场》首章时所撰写的回目了，且看《红楼梦》古典小说回目的写法在吴宓早年创作中的体现。早在清华留美预科学习期间，吴宓就与汤用彤合谋写长篇小说，题为“崆峒片羽录”，以书写二人之经历及人生道德之感想，虽然这部小说没有写完，仅“成约三万余言”，而且后来也遗失，但其回目吴宓依然记得，如下：

第一回小学子味理解谈经，侠男儿拯溺独示勇

第二回乌水黔山初浮宦海，黄笏白简终误鹏程

第三回放花灯老制军陶情，捷秋闱小书生感遇①

① 吴宓：《吴宓自编年谱》，吴学昭整理、注释、翻译，生活·读书·新知三联书店1995年版，第113页。

吴宓所拟写的长篇小说《新旧因缘》也同样如此，他撰写的两个回目标题是：

第一回溯渊源明稗官要旨，寓理想撰新旧因缘

第二回玄武湖旁清谈娓娓，春申浦上别意深深[①]

此外，吴宓在写日记的时候也偶然会用这种八言两句的方式，比如1919年6月19日，他将《红楼梦》中相关回目的目录稍作修改以记述当日琐事：

卷四十陈寅恪两宴东昇楼，吴雨僧三探南车站

卷四十一薛桂伦议事新荷池，唐庆冶醉卧古瓜里

卷四十二梅光迪正言劝友癖，卫挺生雅谑致会辞[②]

再如1946年11月26日，吴宓“仿《石头记》，撰回目如下”：

（1）梅迪生艰逝播州城，胡适之荣长北大校；

（2）吴雨僧情道齐亏损，冯友兰名利两双收；

（3）陈寅恪求医飞三岛，愈大维接轨联九州。[③]

用了这么多的佐证，目的在于说明两点：第一是《红楼梦》对吴宓的影响，不过需要申明的是，吴宓对《红楼梦》的喜爱和

① 吴宓：《新旧因缘》，《学衡》1924年第36期。需要说明的是，这是一部吴宓一生都在筹划但最终却也停留在开头的小说，吴宓仅仅写出了第一回，其中最有价值的可能就是对小说批评和创作的论述，这里的第二回回目也是在这一回中提到。

② 吴宓：《吴宓日记之Ⅱ》，生活·读书·新知三联书店1998年版，第32页。

③ 吴宓：《吴宓日记之Ⅹ》，生活·读书·新知三联书店1998年版，第174页。

欣赏并非盲目，而是本着小说批评的原则，发现《红楼梦》具备优秀小说所必须具备的各种条件，比如其正大之宗旨，其对人生之全部的展示，其对中国社会文明之全体的真实描述，其生动的人物刻画，其优美的语言，其完备的结构，等等，这不仅是吴宓对红学研究的重要贡献，也是吴宓在比较文学上的突出成就。第二是对《红楼梦》这种喜爱和批评鉴赏，让吴宓在翻译另一部在艺术手法上同样伟大的小说时，会偏向《红楼梦》的体例，而这一体例对吴宓翻译的影响首先就表现在回目的精心撰写。

二 故事呈现方式的巧用

《红楼梦》所代表的章回体小说在体例上对吴宓小说翻译的影响还表现在对诸如“话说”“且说”“欲知后事如何，且听下文分解”“上回书讲到”“闲话休絮”“话未说完”“上回书讲到”等话语标识的使用，这样的例子随处可见，并不难寻。不过如果仅仅停留在这些话语标识的表层，或者以这些标识为由而非议吴宓，那便有失妥当，也会因此而领会不到吴宓在广泛了解、深入分析的基础上“以新材料入旧格律”而实现国粹与新知之融合的良苦用心。这一体例结构代表的是章回体式的故事呈现方式，其背后隐含的是吴宓在对比两种语言逻辑基础上，在译文形式上所做出的抉择，且先看几个例子：

（1）<u>We are，however，advancing matters.</u> ①When Thomas Newcome had been some time in London，he quitted the house of Hobson，finding an opening，though in a much smaller way，for himself. And no sooner did his business prosper，than he went down into the north, like a man, to a pretty girl whom he had left there, and whom he had promised to marry. ②What seemed an imprudent match (for his wife had nothing but a pale face, that had grown older and paler with long waiting) turned out a very lucky one for Newcome. ③The whole countryside was pleased to think of the prosperous London tradesman returning to keep his promise to the penniless girl whom he had loved in the days of his own poverty; the great country clothiers, who knew his prudence and honesty, gave him much of their business when he went back to London. ④Susan Newcome would have lived to be a rich woman had not fate ended her career within a year after her marriage, when she died giving birth to a son. (W. M. Thackeray, *The Newcomes*, Chapter 2)

ⓐ此时后话，暂且不表，却说当日钮康托马到了伦敦，在何布生店里作伙计，过了两年，辞了出来，自己开一个小小铺子，生意倒还顺手，便急忙回到故乡，同一个标致小姑娘，叫做苏珊的成婚。ⓑ那苏珊姑娘家中赤贫，毫无产业，兼之守候丈夫多年，青春早过，颜色已衰，一无可取。ⓒ他人处此，必定另打主意，但是钮康托马以信义为重，当日未出里门以前，既与苏珊姑娘有白头之约，如今自己发迹，绝不忍轻负宿诺，忘了贫贱之交，遂即毅然成婚。阖村的人，无不啧啧称赞。ⓓ钮康托马回到伦敦之后，那一般大布商，听说他如此正直诚信，一定不负委托，多来找着他做生意，于是钮康托马反得此糟糠之助。ⓔ苏珊若多活得几年，定可享福，无奈她嫁后不及一载，即生一子【此子即第一回中之钮康太尉也】，产时得病，竟而身亡。(《钮康氏家传》第二

回，吴宓译）

（2）1. 1 Instead of finding his pretty blushing girl on arriving at Woolwich，1 poor Tom only found his French master，1. 2livid with rage and quivering under his ailes de pigeon. 2 We pass over the scenes that followed；2. 1 the young man's passionate entreaties，and fury and despair.（W. M. Thackeray，*The Newcomes*，Chapter 2）

ⓐ那可怜小妥玛，哪里知道钮康太太早来闹过了这一场，ⓑ进门之后，找不见娇羞满面的卜小姐，ⓒ但见卜銮河，气得面上发青，身子摇颤不止，不甚吃惊。ⓓ当时情景不必细叙，ⓔ小妥玛始则哀求，继以暴怒，终于绝望。（《钮康氏家传》第二回，吴宓译）

（3）1. 1 **But that** I may not be accused of prejudice in describing Mrs. Newcome and her family，1. 2 **and lest** the reader should suppose 1. 2. 1 **that** some slight offered to the writer by this wealthy and virtuous banker's lady was the secret reason for this unfavourable sketch of her character，1 **let me be allowed to report**，1. 3 as accurately as I can remember them，**the words of a kinsman of her own**，—— Giles，Esquire，1. 4 whom I had the honour of meeting at her table，1. 5 and who，1. 5. 1 as we walked away from Bryanstone Square，was kind enough to discourse very freely about the relatives whom he had just left.（W. M. Thackeray，*The Newcomes*，Chapter 5）

> **闲话休提，且说**我【指彭亚瑟】适才讲到钮康二太太的事情，ⓐ**恐有人说我**有意辱没善人，ⓑ或因我自己偶尔受他薄待，便造出一番谣言，传说那位既富且贤的太太种种坏处，以快私忿，**其实不然**，我还记得钮康二太太的近戚吉尔士先生告诉我的一番话，现在可引来作我的证人，**原来**那吉尔士先生是钮康何布生的连襟，钮康二太太芳名玛利，便是吉尔士先生的小姨子。有一天我在钮康二太太家吃饭，与吉尔士先生同席遇着，席散后一同回家，且走且谈，我拿纸烟让他吃，那吉尔士先生略有醉意，十分高兴，一面吞云吐雾，一面便滔滔不绝，把钮康二太太家里的事情，尽情宣泄出来。(《钮康氏家传》第五回，吴宓译)

吴宓说翻译需要“达出原作之精神而使读者不觉其由翻译而来”[①]，吴宓的好学生钱锺书也说，好的翻译需要“把作品从一国文字转变成另一国文字，既不因语文习惯的差异而露出生硬牵强的痕迹，又能完全保存原作的风味”[②]。吴宓的译文读起来的确不觉由翻译而来，除了下文所要论述的文字体例选择的原因之外，更包括对章回体式的讲故事的方式的有效利用，表面上看是关于英汉两种语言在句法和篇章结构上的差异，但更深层的原因却是两种语言背后的逻辑方式和说理习惯的差异，这里且不过多地涉入这一深奥但却又非常根本的话题，而仅仅以吴宓的小说翻译实践，论述翻译中意义的表达与形式体例选择之间的关系。

从上述几个例子可以看出，沙克雷语言的一大特点就是长句

① 吴宓：《梦中儿女·编者识》，《学衡》1922 年第 9 期。

② 钱锺书：《林纾的翻译》，见罗新璋编《翻译论集》，商务印书馆 1984 年版，第 696 页。

的使用，例（3）更是单句成段，而沙克雷小说中与之类似甚至更长的句子比比皆是。尽管如此，沙克雷的语言却一点也不晦涩，句子虽长，但毫不臃肿、拖沓或艰深，相反，在炼字上异常讲究，简洁明了，让人有一字千金之感。我们先不过多地论述原文语言文字之选择，且集焦于故事呈现方式。沙克雷的长句，也如同英文中一般的长句那样，先是有一确定之主题，然后将与该主题相关的次一级主题依次加入，而在论述次一级主题的时候又会根据需要添加再次一极的主题、信息或情节，因此故事的展开是一个严密的推理和演绎过程，主次结构分明。但汉语讲究的却是一个逐渐归纳、层层推进的过程，如果说沙克雷的故事呈现方式是立体的，即多个维度的同时展现，那么章回体的呈现方式则是线性的，即循着事件的原委，依照条理，逐步展开，不能紊乱。这是两种语言的差异，正如在诗歌翻译中机械模仿原诗之韵律格调势必会归于失败一样，在翻译小说的时候也不例外，强行模仿原文的句法格式也必定会造成“其句法字面，仍是英文”的劣质翻译。另外，也鉴于沙克雷的语言因英文句法的特点而呈现出的“跳跃性”或“曲折往返”，为厘清每一个句子中各情节和事实之间的相互关系，继而以线性推进的方式去展示原文立体式的方式，吴宓在译文中自然少不了“话说”“闲话休絮”“原来”“其实不然”等标识，并由此造就一种娓娓道来、引人入胜的感觉。

如果对照原文，可能会发现吴宓的译文添加了不少成分，有些是类似于上段所说的话语标识，但更多的是为表明故事情节的前后关系而添加的提示语。例（1）中，ⓐ将原文长句按照时间顺序依次展开，基本同原句吻合，而ⓑ、ⓒ、ⓓ三句相对于原文则变化较大，比如吴宓加入了“他人处此，必定另打主意”，“于是钮康托马反得此糟糠之助”两个情节，因为吴宓按照故事的原委或因果关系将原文重新编排，逐步揭晓，而没有如沙克雷那样将诸如与苏珊相关的信息作为插入语附于主句之上。例（2）更是典型，“哪里知道钮康太太早来闹过了这一场”，“不甚吃惊”属于添加的情节，“始则哀求，继以暴怒，终于绝望”则更进一步突出了情节的推进，“但见”“始”“继”“终于”等提示词表明了情节之间的承接关系。例（3）原文就是一句话，吴宓将原文中的立体故事平行铺展，依次托出。当然，情节或故事呈现方式的重现安排自然少不了语言文字上的功夫，比如（1）中的“白头之约”“贫贱之交”“糟糠之助”“享福”“啧啧称赞”，再如以“守候丈夫多年，青春早过，颜色已衰，一无可取”来译“for his wife had nothing but a pale face, that had grown older and paler with long waiting”。这种由内而外、在说理方式和文字表达上都尽显地道、“明显”又不失“典雅”的中文，是吴宓“以新材料入旧格律”之翻译理念的最深刻的阐释。

因此，从章回体的体例上说，我们不能仅停留在“话说”“且说”“闲话休提”等话语标识的识别上，更需要看吴宓如何以章回体式的线性故事呈现方式来重新组合沙克雷的立体叙事。翻译类教科书通常会将这类例子放置在“语序重组”的栏目之下，这些例子也的确显露出吴宓在语序上对原文所做的调整，而且尽显大师风范，但故事绝非这么简单。吴宓模仿的与其说是章回体小说的体例，则不如说章回体小说所体现的密合汉语语言特点的讲故事的方式，这不仅是一个语言对比的问题，更是关乎中英两种语言在思维模式上的差异，虽然吴宓并没有明确论及这一层，但他通过自己的翻译选择生动地说明了这一问题。

三 文字和文体的对接

吴宓在《〈钮康氏家传〉第八回》篇末附识中提出了中国文字建设的任务、目标和衡量标准：任务是“创建一种新文体”，目标是“以固有之文字，表西来之思想，以旧形式入新材料，融合之后，完美无疵”，标准是“简洁明通”，具体来说文言须“优雅而不矫饰”，白话须“通俗而不粗鄙”。[①] 在《论今日文学创造之正法》中，针对文字的使用，吴宓再次明确指出，文字的选用须以“简洁、明显、精妙”而准，达到这一标准的基本方法就是“借径于古文”，因为古文在中国文章中“最简洁、最明显、最精妙”，所以无论是文言还是白话的使用，都需熟读古文[②]。在鉴赏《红楼梦》时，吴宓指出：

> 《石头记》之文字，为中国文（汉文）之最美者。盖为文明国家，中心首都，贵族文雅社会之士女，日常通用之语言，纯粹，灵活，和雅，圆润，切近实事而不粗俗，传达精神而不高古。[③]

在吴宓看来《红楼梦》的经典不仅体现于其处处合于小说创作的法程，也体现在《红楼梦》的语言艺术上，从吴宓对文字建设的标准和他在这里对《红楼梦》之文字的描述，不难看出，后

---

① 吴宓：《〈钮康氏家传〉第八回》，《学衡》1922 年第 8 期。

② 吴宓：《论今日文学创造之正法》，《学衡》1923 年第 15 期。

③ 吴宓：《石头记评赞》，见徐葆耕编《会通派如是说：吴宓集》，上海文艺出版社 1998 年版，第 297 页。

者即是吴宓理想中的文字使用。这是吴宓模仿《红楼梦》的文体来翻译同为古典小说精品的沙克雷小说的第一个原因。第二个原因是沙克雷和曹雪芹在描述对象和语言使用上的一致性，即所描述的都是上流社会或贵族阶级的生活，语言也自然较描述“市井里巷，卑鄙龌龊之人”的迭更司或水浒更为典雅。基于对两部作品在小说手法和语言艺术上的综合对比，吴宓选择了《红楼梦》所代表的那种文字体例，他也多次表达过这一看法，比如：

> 又如欲译迭更司或沙克雷之小说为吾国文，应取水浒或红楼之一段情事相似者，熟读之几能背诵，然后从事翻译，此际当力求密合英文原意，而不知不觉之间，构成字句，亦不觉中英文相去之甚远也。按语：今世文学创造之要旨之定法，必须以新材料入旧格律，或以西文之材料入中文之格律，其秘诀全在于背诵也。[①]

那么，我们的问题是：在已经确定了翻译的方法、体例和文字使用的基础上，吴宓是如何通过他的翻译来向世人展示他所提倡的文字建设理念和文体观呢？他的翻译是否达到了他所期望的以中国传统文字来表达外来思想、实现新材料与旧文字之统一的效果呢？我们且通过具体的翻译实例来回答这个问题。其实吴宓为每一章所撰写的回目已经很能说明问题了，而吴宓以《红楼梦》的文字体例翻译沙克雷小说的例子，在他所译的《钮康氏家传》前六回中，俯首皆是，这里且用以下几例来说明：

① 吴宓：《论今日文学创造之正法》，《学衡》1923 年第 15 期。

(1) ①So the tales were *told* ages before Aesop; and asses under lions' manes *roared* in Hebrew; and sly foxes *flattered* in Etruscan; and wolves in sheep's clothing *gnashed their teeth* in Sanskrit, no doubt. ②The sun shines today as he did when he first began shining; and the birds in the tree overhead, while I am writing, sing very much the same note they have sung ever since there were finches. ③Nay, since last he besought good-natured friends to listen once a month to his talking, a friend of the writer has seen the New World, and found the (featherless) birds there exceedingly like their brethren of Europe. ④There may be nothing new under and including the sun; but it looks fresh every morning, and we rise with it to *toil*, *hope*, *scheme*, *laugh*, *struggle*, *love*, *suffer*, until the night comes and quiet. ⑤And then will wake Morrow and the eyes that look on it; and so da capo. (W. M. Thackeray, *The Newcomes*, Chapter 1)

伊索生世千百年前，已有寓言。驴蒙狮皮，原出犹太古籍。狐性狡猾，见于罗马前史。狼披羊毛而磨牙欲试，则出于印度古文。每晨日出东方，千万年前已是如此。即彼树上之鸟，昔日亦仍歌此曲。吾有友曾游美洲，言新旧两大陆，同类之鸟，其形式全是一般一样。故世界之上，本无新之一物，即太阳亦已陈旧，但每次初出东海，状颇新奇，大家见日出而起，各治其事，斗智斗力，积爱积仇，恣哭恣笑，日入之后，众亦归休，明晨再起，依然印版文章，逐代循环，至无穷尽。(《钮康氏家传》第一回，吴宓译)

选取这段话作为译例主要有两方面原因，首先，当然是对当前所要论述的“以旧文字表达新思想”这一翻译话题的考量；其次，这段话所表达的思想内容与新人文主义所关注的焦点问题息息相关，即新与旧、永恒与变化之间的关系。先对第二点稍加阐述。沙克雷以一个寓言故事开篇，暗示着自己将要创作出来的这部作品在主题上一如该寓言所示，即基本人性，而就寓言故事本身而言，沙克雷又取材于法国大作家拉方丹（La Fontaine），于是批评家可能会因此而苛责沙克雷陈词滥调，言外之意也即沙克雷的这部作品也会遭受同样的指责，即其中所描述和展示的人性问题已毫无新意。沙克雷的这段话就是针对这一批评倾向而写的，核心思想即吴宓所译的“故世界之上，本无新之一物，即太阳亦已陈旧”，从中也不难看出这段译文在当时的针对性。沙克雷及其作品之所以伟大，在根本上就是因为他对普遍人性的揭示，这是关于人性、新与旧、永恒与变化的主题。

现在来看吴宓对“以旧有的文字表达新的材料”之翻译理念的实践。我们需要探究的是吴宓所使用的文字体例与他所表达的原文思想内容是否统一？是否会出现思想非常纯正高大但语言却低俗不堪，或者片面追求文体之工整以致有损原文内容的传达的情况？这里且从三个方面试图论述这一问题：第一自然是对吴宓译文文字体例的分析，第二是对沙克雷语言的分析，第三是用一两个反例来对比。沙克雷的语言，至少从《钮康氏家传》来看，是非常讲究的，这不仅是说他在以绅士般的语言描述一个绅士，更表现在他的炼字功夫上，看似平淡，但却不失优雅，语句很长，但一点也不烦琐，简洁明显得简直无以复加，比如这句 There may be nothing new under and including the sun，再如紧接着一段中的 there will be dinners of herbs with contentment and without, and banquets of stalled oxen where there is care and hatred[①]，真可谓一字不多也一字不少。

吴宓翻译时使用的是他所提倡的“古文体”，以四字格为主，清新自然，顺畅明显，丝毫没有矫饰之感，且以吴宓对原文第一句的翻译为例，如下图：

So the tales were *told* ages before Aesop; and asses under lions’ manes *roared* in Hebrew; and sly foxes *flattered* in Etruscan; and wolves in sheep’s clothing *gnashed their teeth* in Sanskrit，no doubt	伊索生世千百年前，已有寓言。 驴蒙狮皮，原出犹太古籍。 狐性狡猾，见于罗马前史。 狼披羊毛而磨牙欲试，则出于印度古文。

沙克雷用语之工整和简洁在分行的形式中体现得更为明显：四个分句，结构一致，短小精致，先总起，后分述，一气贯通。吴宓的译文同样如此：第一句总起，三个四言单位“伊索生世/千百年前，已有寓言”依次展开，既准确又自然，可谓同原文一样；后三句在结构上同原文一样，都是以“什么样的故事见于何处”的方式展开，读起来也流畅无阻，朗朗上口。从中可以看出吴宓在炼字上所下的功夫以及对原文文体结构的领会和考究。不过，需要指出的是，吴宓译出了第四句中的动词短语“*gnashed their teeth*”，即“磨牙欲试”，却并没有译出第二、三两句中的动词“roared”和“flattered”，稍显遗憾，如果他能够以“狼披羊毛而磨牙欲试”的形式，在“驴蒙狮皮”和“狐性狡猾”之后依次加入一个简短而又自然的四言形式分别对应上述两个动词，那就完美无疵了。

为说明吴宓在文字体例的选择上所下的功夫和在以国粹融新知上所取得的效果，我们且将吴宓的翻译与国内的另一个译本稍作对比：

---

① 出自谚语 Better is a dinner of herbs where love is，than a stalled ox and hatred therewith (*Bible*，KJV，Proverbs，15：17)。

远在伊索【伊索，公元前六世纪的希腊寓言家】以前几百年就有人讲过这些故事了；在希伯来文里就有驴子披着狮子鬃毛在那里咆哮。伊特鲁里亚【公元前意大利西北部的一个原始民族国家，后被罗马吞并】文里已经有狡猾的狐狸在那里阿谀逢迎了；在梵文里，没有疑问，就有狼披着羊皮咬牙切齿了。今天的太阳和开天辟地时的太阳发着同样的光辉；当我下笔时，窗外树上的梅花雀唱的歌和自有这类小鸟时它们唱的曲调完全相同。不仅如此，从前作者每月恳求好脾气的友人听他讲一次故事；后来我有一位朋友曾去观光过新大陆，他看到那边那种禽鸟（没有羽毛的）和它们欧洲的同种非常相似。太阳所照耀的世界上本来没有新东西，连太阳也包括在内；然而这一轮太阳天天早晨却是光景常新，而我们也就日出而作，劳碌，盼望，打算，欢笑，争斗，恋爱吃苦，直到夜色来临，万籁俱寂。可是第二天一觉醒来，人们的眼睛又睁开望着太阳；于是照样 da capo【意大利文：从头重复一遍】(《钮可谟一家》第一回，王培德译)

这段译文，首先在句法和故事展开的顺序上基本与原文一致，但却是对原文词句的机械模仿，原文的简洁、凝练、明显、顺畅在译文中不复得见，读起来虽不是佶屈聱牙，却也艰涩别扭；反观吴宓的译文，以文体效果论丝毫不输原文。可见，以粗鄙的白话机械模仿原文句法，是很难传达原作精义的。

且再看一例：

（2）①But I forget, in thinking of my dear little friend and pupil, <u>the subject of this letter—namely, the acquisition of the</u>

proprietary chapel to which I have alluded, and the hopes, nay, certainty of a fortune, if aught below is certain, which that acquisition holds out. ②What is a curacy, but a synonym for starvation? ③If we accuse the Eremites of old of wasting their lives in unprofitable wildernesses, what shall we say to many a hermit of Protestant, and so-called civilised times, who hides his head in a solitude in Yorkshire, and buries his probably fine talents in a Lincolnshire fen? Have I genius? ④Am I blessed with gifts of eloquence to **thrill and soothe**, to **arouse the sluggish**, to **terrify the sinful**, to cheer and convince the timid, to lead the blind groping in darkness, and to trample the audacious sceptic in the dust? ⑤My own conscience, besides a hundred testimonials from places of popular, most popular worship, from reverend prelates, from distinguished clergy, tells me I have these gifts. ⑥A voice within me cries, "Go forth, Charles Honeyman, fight the good fight; wipe the tears of the repentant sinner; sing of hope to the agonised criminal; whisper courage, brother, courage, at the ghastly deathbed, and strike down the infidel with the lance of evidence and the shield of reason!" (W. M. Thackeray, *The Newcomes*, Chapter 3)

ⓐ絮絮言之，竟忘本题，【弟】所求者，即欲兄助我购得该礼拜堂，为之主持，取其月入，不惟衣食有资，且可致富，虽云人事无常，然此局则十全八稳，可无过虑。ⓑ若今者【弟】为乡区牧师，实饿死鬼之别名耳。ⓒ吾侪读史，见

古之隐士，弃世入山林，苦行潜修，辄共非之，谓若所为，初无益于人世，而望其实有建树。ⓓ若乃当今盛明之世，而犹有几多耶稣新教之牧师如弟者，埋头伏处于约克县之荒陬，志业日以颓堕，才华日以消磨，委声名于污泥，掷光阴于逝水，吾兄其谓之何？ⓔ窃尝抚躬自问，吾果有才乎？ⓕ吾果否具雄辩之术，足以感动人之志气，激发人之天良，使听吾说教者，且愧且慰，且警且惧，顽夫廉，懦夫有立志，迷途彷徨者，得彼岸之宝筏，强项不服者，受当头之棒喝，吾果有此才乎？ⓖ吾之良知告我曰：有。ⓗ而白千宝刹名寺之听众，白千广场法院之男女，以及贵显之主教，赫弈之牧师，亦均告我曰：有。吾于冥冥之中，似觉有来勖勉我者，其言曰：ⓘ韩查理，汝其速去此，出而竭力传道，毋避艰险。彼伏地忏悔之罪人，汝其往拯之；宛转呼号之死囚，汝其往慰之；将死之人，念幽明之异路，惧地域之磨折，汝其往扶掖而奖劝之；邪教之徒，不辨是非，罔识忌讳，汝其往开导而折服之。（《钮康氏家传》第三回，吴宓译）

这是钮康太尉的妻弟写来的一封信，主要目的是向太尉借钱。吴宓在译完这一段之后，加入了一个长篇的附注，除了揭示韩查理这个人物的伪善无道之外，还对这封书信的文字特点和人物品性的联系做了点评，他说韩查理是“自诩才华，洋洋洒洒，笔阵纵横，大作文章，徒逞辞藻，足见其言不由衷，而尤见其骄傲成习，大言不惭”①。且先不管写信者的品行如何，仅从书信本身来看，文笔的确很好，读来不禁让人想起《傲慢与偏见》中科

① 吴宓：《钮康氏家传》第五回，《学衡》1922年第7期。

林斯先生（Mr. Collins）写给班奈特先生（Mr. Bennett）的信件。

所以如要译出这封书信特别是显露其“笔阵纵横”的特点，还是很不容易的。①是一个长句，吴宓将其拆开，按照章回体式的故事呈现方式将原文层层铺开如ⓐ，清晰明确，毫无拘束感；③本来也是一句，吴宓拆将其分为两个长句ⓒ、ⓓ，这依然是循着文章的脉络，以地道的中文说理过程展开，而且文笔工整，对仗铺排；④和⑥之排比在吴宓的笔下也同样得到了淋漓尽致的展现，如ⓕ与ⓘ所示。至少在书信本身所体现出来文气和笔力上，吴宓已经翻译得非常到位了，甚至是有过之而无不及。除了结构的铺排，在具体用词上，吴宓的选择也非常地道自然，如“人事无常”“十全八稳”“饿死鬼”“志业颓堕”“才华消磨”“委声名于污泥，掷光阴于逝水”“当头棒喝”等表达。如果我们将吴宓的译文与原文对比，就会发现吴宓添加了一些原文所没有的部分，或者说对原文的部分内容做了进一步的发挥，比如ⓒ、ⓓ两句：原句③由两个分句构成，前半句设定条件，后半句发问，吴宓先是充分铺开前半部分，加入了“谓若所为，初无益于人世，而望其实有建树”，然后根据前半部分的铺垫，在后半句中以“埋头伏处于约克县之荒陬，志业日以颓堕，才华日以消磨，委声名于污泥，掷光阴于逝水”将“who hides his head in a solitude in Yorkshire, and buries his probably fine talents in a Lincolnshire fen?”充分展开。吴宓这么做，根本的目的在于对这封信之“笔阵”或风格的模仿，极力通过两个分句的对比和铺设来展现人物“自诩才华”“骄傲成习”“徒逞辞藻”“大言不惭”的性格特点。这里且不必再引用其他译例来阐明吴宓在以旧文字表达新材料特别是在对原作之风格和意蕴的传达上所做的努力了。

我们且不必以现有的文化观去非议或指责吴宓，说他在字词的选择上过于中国化或者说“归化”，比如以“太尉”（colonel）、“宰相”（prime minister）、“堂倌”、“伙计”、“克莱武”（Clive）、“韩查理”（Charles Honeyman）、“韩姨妈”（aunt Honeyman）等为代表的对相关人名、地名、称呼、官职等的翻译，再如对从“女司马相如”“雄的卓文君”“得配鸾凤”“琴瑟唱和”“怨藕而非嘉藕”到“贫贱之交”“糟糠之妻”等代表的中国文化典故或背景知识的使用。这里且不提当时中西交流之广度和深度的因素，单从吴宓选择文字体例的宗旨、标准和方法上看，吴宓的选择也无可厚非。

四　对读者和作者的双重责任：注解的巧用

在诗歌翻译部分吴宓基本上没有使用注解，这大概有以下两个原因：第一，部分诗作本来就有上下文语境，即这些诗作是相关作者用以佐证特定思想或观点的，所以即便是片段或节选，原文的上下文语境也为理解该诗做好了充分的准备和铺垫，另外，既然是以引文的形式出现，其思想和内容通常也比较清晰直白；第二，另一部分诗作，吴宓在翻译之前都撰写了较长篇幅的分析和解释，而且即便是吴宓对原诗有所注解，比如对原诗某些部分的突出或着力渲染，也是融入了译诗本身。但是在小说中，注解成了一道很亮丽的风景线，构成了吴宓小说翻译的一大特点。

加注对吴宓来说也是翻译的一个重要方面，他在论述《学衡》杂志的翻译所必经的五个步骤时指出，注解就是其中的一环：

三曰加注，凡原文之义理词句，以及所引史事故实等，

> 有难解之处，则由译者（或编者）加以精确简短之注解，俾读者完全了悟，不留疑义，且有欲研究原文者，可以此译本对照细读，故本杂志亦可作外国文教科书及自修参考书也。①

吴宓在这里明确指出了注解的对象，即原文中难解的“义理词句”或“史事故实”等“难解之处”，目的是让读者“完全领悟”，以期有益于国内的英语学习者。而在《钮康氏家传》第八回篇末附识中，吴宓也说明了自己在小说翻译中使用注解或按语的理由：

> 今此译稿，首求密合原文之词意，非大得已，绝不增损一字，读者取英文比并观之，可知译者之拙之苦，至于加评加注，乃为解释原文之意义，俾明显至极，盖非祥知英国历史及当时风俗制度等，断难了解句中之义，故为之注；又非领悟对谈中之机锋及语句中之含蓄，则读之味同嚼蜡，故为之评，非好为蛇足也。且有此评注之后，学习英文者，可购原书及此译本，逐句对看，亦可作英文教科书用也。②

这里吴宓进一步指出，加注并非画蛇添足，而是为了让读者彻底领悟原作，所以注解的对象不仅包括相关的历史知识和风俗制度，更包括与原作之意蕴和精神有关的表达。如果细读吴宓的翻译，就会发现：吴宓在翻译中所下的苦工不仅表现在对体例的甄选和文字的提炼，也体现于他对注解的精心安排和撰写。

具体来说，吴宓的注释大体包括这三个方面的内容：第一，

① 吴宓：《梦中儿女·编者识》，《学衡》1922年第9期。
② 吴宓：《钮康氏家传》第八回，《学衡》1922年第8期。

吴宓在后记中所说的历史知识和风俗制度，比如对玛丽女王（King Mary）、爱德华牧师王（Edward the Confessor）、史学家吉鹏（Edward Gibbon）、哈斯汀之战（battle of Hastings）、拿破仑之欧战等；第二，文学人物或相关作品，比如对 Samuel Johnson、Henry Fielding、Sheridan、Goldsmith 等人及其作品的介绍；第三，相关文学典故或知识，如圣经中浪子回头的故事（the Prodigal Son）、莎士比亚作品中的相关用语、对堂吉诃德的介绍等，还有就是关于沙克雷作品前后之间的关系，即沙克雷其他作品中与《钮康氏家传》相关的人物及其背景故事的介绍。

如果说这些方面的注解是多数译者都会注意到的话，那么以下几个方面则是吴宓与众不同的地方。吴宓在解释“注解”之法时说，自己的注解对象还包括“对谈中之机锋及语句中之含蓄”，但实际上吴宓所做的绝非仅仅是对原文之话锋或含蓄的介绍，更包括吴宓作为一个文学专家对原文的鉴赏、评析和讲解，这里根据吴宓的注解，将这些注解分为以下几类：对话锋或蕴含的明示，对原文的评析，译者之音。

（一）“话锋”明示

这一类注解也即针对吴宓所说的原文中比较隐晦或含蓄的地方，如果不注释清楚，读起来就“味同嚼蜡”，这类的例子较多，且以《钮康氏家传》第一回的两个片段为例。

（1）维时，虾蟆垂涎乌鸦口中的乳酪，一面又骂那大吃大嚼的肥牛【①此犹螳螂捕蝉、黄雀在后之旨，各有目的，唯利是图】。乌鸦栖止的树旁篱笆之外，一狐缓缓潜身过来，说道：“这一般绵羊真蠢，对那恶狼哀哀的乱叫，不知狼身上披着一张羊皮。前次<u>将红公鸡</u>的老祖宗当作午饭，一口吞下，又拿红公鸡充晚饭吃，都是这个老狼干的，俗话说得好，*抽了梁便要拔钉子*【②意盖谓得陇望蜀，人之常情，又既擒其王，则擒贼亦易矣。今狼已食母羊，则其心愈贪，且小羊无护卫之者，更易攫得之】，哼哼！”那空心树身之中躲着一只母鸱鸮，当时惊醒，便接口道：“哦，是的，胡先生，我瞧不见你，可是我闻着你的气味儿。有的人喜欢绵羊【③指狼】，有的人却喜欢鹅【④鸱鸮指狐，以讥之也】。”狐道：“鸱鸮太太，你喜欢老鼠。”鸱鸮道：“中国人常吃老鼠，我在书里边读过，中国人甚喜吃狗肉。”狐道：“我盼望他们中国人将世界上所有的恶狗一齐划除干净【⑤猎者必用犬，犬为狐之敌，故狐恨之】。”鸱鸮道：“我在游记中读过，法国人吃虾蟆，哈哈，我的朋友乌龟先生，你也在此吗？昨晚我们开了个好的音乐会【⑥意谓鸱鸮与蛙之鸣声，互相应和酬答也】。”（《钮康氏家传》第一回，吴宓译）（中括号中所示为吴宓的注解或按语，下同）

这里主要论述的是注解，而且这几处注解受原文的影响不大，所以未列出原文。在这一段引文中的注解，要么是对原文寓言故事之寓意的明示，比如①，要么是对原文所蕴含之意的显化，比如②—⑥各例，在注明原文相关语词的指代对象的同时进一步明确其寓意。吴宓译文中此类例子较多，这类注解显得有些多余，多数读者可能并非如这种注解所预设的那般无知，下面两例注解更能说明这一点，选自《钮康氏家传》第三回，也即吴宓冠以“青鸟传书金钱骨肉，白头话旧风雨沧桑”的回目、完全是由钮康太尉所收到的六封信件组成的那一回：

(2) 钮康太尉足下，吾幼居英国，熟习于其国之山川风土人物，长而去之，然常历历在目，眷怀于心，未尝一日忘也【其中自有一段情史在，意盖谓未尝一日忘钮康太尉，特不明言之，华伯爵夫人性贞淑，又以身份地位所关，故书中深自敛抑，无限含蓄，隐约其词，然其情之深，正于此见之也】(Long separated from the country which was the home of my youth, I carried from her tender recollections, and bear her always a lively gratitude.)(《钮康氏家传》第三回，吴宓译)

(3)【韩查理为人浮夸奢侈，于此函可见，前端论克莱武学业，决不类牧师及教读者口吻，而下文自诩才华，洋洋洒洒，笔阵纵横，大作文章，徒逞辞藻，足见其言不由衷，而尤见其骄傲成习，大言不惭也。彼今之所图，欲购某礼拜堂之位置耳，无非为得巨资供其酒色挥霍，岂有行道济人之心哉？至其姊韩马沙，则恪谨廉洁，与乃弟情性大异。韩查理已将其姊之钱财，借来用尽，而此函乃托言为姊谋安身立命之地。又其此举，隐瞒其姊，不敢使之闻知，观次函自见，而此函中乃云，其姊已赞成，以欺太尉。又其姊每以受太尉之恩遇过重为惧，而韩查理则只图骗得钱来，自己挥霍，反侈言节俭，亦无行之甚者矣。】(《钮康氏家传》第三回，吴宓译)

这两则注解分别是对钮康太尉所收到的两封信中之相关内容的注解，前者来自那位他当年深深爱恋却因继母强烈反对而眼睁睁见着嫁于别人、现已与自己一样年过半百的法国女士，后面附上这句原话，便于更好地理解吴宓的翻译和他的注解。作为诗人的吴宓很敏锐地察觉出女士在这么简单的几句话中所透露出的深情，这里吴宓对这种“内敛”“含蓄”却又真挚深切之感情的注解和说明，也很容易让人想起他对女诗人罗色蒂之诗中所表达的那种委婉却缠绵之感情的评论。为了更好地理解吴宓对这种感情的体验和把握，我们进一步看吴宓对这封信其他部分的翻译片段：

> I hold you always in my memory. As I write, the past comes back to me. I see a noble young man, who has a soft voice, and brown eyes. I see the Thames, and the smiling plains of Blackheath. I listen and pray at my chamber-door as my father talks to you in our little cabinet of studies. I look from my window, and see you depart. (W. M. Thackeray, *The Newcomes*, Chapter 3)
>
> 吾实未尝一日忘君，决无忘君之一日。吾今临楮之际，恍若见当年英伟之少年（指钮康太尉）柔其声而褐色其目，又若见伦敦汤汤之河水与其近郊含笑引人之平原，恍若置身昔年小屋之中，吾父与君讲学，而吾则侧坐旁听而默祷，又恍若俯窗下窥，见君一去更不回首。（《钮康氏家传》第三回，吴宓译）

这段话当然不是注解，而是对原文本身的翻译。这段文字就如同罗色蒂的诗作一样，语言非常简洁明了，但所表达的那种女性所特有的真挚而又含蓄的深情，的确非常让人感动，就像新人文主义文学思想所强调的那样，诗文固然重视对感情的表达，但这种感情必须高尚、真挚、有节。吴宓的翻译无论是在文字上还是在对这种感情的体现上都已经非常精到了，吴宓的上述注解也即是对后文翻译的呼应。

后一注解是关于克莱武的舅舅、钮康太尉的妻弟韩查理写给太尉之信件的，该信件的相关部分在上文分析译语文体时已经提及，所以这里没有加入原文和译文的内容，只是列出了注解本身。这一长篇注解是吴宓结合小说本身对小说人物的评论，其中既包含了对语言特点的论述，也包含了对人物特点和品性的阐述，前者显露出吴宓在翻译这封信件时所下的功夫，后者彰显的是吴宓作为一个译者与译文读者的互动，也是他从人性的层面对这一道貌岸然、言辞庄重却道德败坏、物欲横流的伪君子的评论，吴宓在处理钮康太尉的同父异母双胞胎弟弟时，也使用了同样的手法。

（二）译者点评

（2）、（3）两处注解固然也是吴宓所说的是为了“解释原文之意义，俾明显至极”，不过已经明显体现出了吴宓作为译者和点评者的角色。也就是说，虽说这是对原文意义的补充和说明，但已经能明显感觉到译者的声音，或者更准确地说，是作为说书者的译者在译文中所透露出来的声音，这一方面在提示读者如何正确地理解原文或把握隐含意义，另一方面也时时刻刻显露出作为批评家的译者在翻译过程中对原文作品的点评和鉴赏。

关于译者的点评，这里有两个例子：

> （4）且说一千七百七十几年间，那时英国官绅老爷，仍戴假发，结成大辫，托在背后，如同豚尾【西人常以豚尾讥辱吾国人，作者乃以此字加之英国之官绅，趣极。】（When pigtails still grew on the backs of the British gentry...）（《钮康氏家传》第三回，吴宓译）
>
> （5）It matters very little to those who have the good fortune

to be invited to Lady Ann Newcome's parties whether her beautiful daughters can trace their pedigrees no higher than to the alderman their grandfather; or whether, through the mythic ancestral barber-surgeon, they hang on to the chin of Edward, Confessor and King.（W. M. Thackeray, *The Newcomes*, Chapter 2）

钮康府中太太请客，被邀者引为至荣，亦不暇追究根源，钮康氏究竟由托玛起家，抑确系爱德华王御用薙匠之后，当日祖上曾亲近龙颜，渥承恩泽【骂薙匠，妙极】（《钮康氏家传》第二回，吴宓译）

如果前面几处注解，吴宓或多或少还没有跳出原文本身，那么这两处注解就完全是一个评论者之点评的口吻，译者吴宓很难抑制自己针对原文部分相关情节的赞叹，于是情不自禁地加入了类似“趣极”“妙极”等评语。吴宓的点评远不止这些，而且相对于这些简短的评论，吴宓还有更长篇的赏析，不过与（2）至（5）不同的是，这些长篇注解不仅是对小说意蕴的展示，更是从小说创作法程的角度对部分原文的分析和评论，比如以下几例：

（6）【意谓世人动辄以愤世嫉俗之旨，为一偏武断之谈，言世中竟无一好人。善者必遭殃，恶者必得志，凡道德感情，实图利己，善言美行，假托欺人，或言凡贫者皆清高廉正，凡富者皆吝啬刻薄，凡营者皆重利盘剥，敷教者皆空言欺世，政界之中，更无完人，凡民党皆爆烈好乱者，而攻击政府者，实皆最想做官者也。如此见解，视世太浊，论人过刻，实非平正中和之意，而尤悖于社会实情。今著者此书之内容，即可以证其非而指其误，故著者存心忠厚，立意正

大，读者不可不察，若径如前端假设之评书者之见解，则大非大误。】（《钮康氏家传》第一回，吴宓译）

(7)【沙克雷文笔极工，如上文所说什么狼呀羊呀狐呀狮呀，至一齐放他们出来罢一段，笔阵雄阔，挥洒迅疾，如江河赴海，如万马奔腾，已足令读者称赏，而此段连用十余那时字，反复重叠，累累如贯珠，而又大气包举，其妙处译者深愧不能达之。至此段之意，无非欢场伤梦，今不如昔之感而已，正如久居上海者，由今而追思昔日开埠未久，天南遯叟及龙华会之时代；久居北京者，因梅兰芳而追想当年田际云陈长庚之时代也。】（《钮康氏家传》第一回，吴宓译）

(8) 上回书讲到，钮康克莱武，谨随父亲钮康太尉，回家去睡觉。这钮康克莱武既是本书之主人，作者不得不先讲其家世渊源，叙说一番。【按名家所为长篇小说，局势宏阔，因之入题纡缓，徐徐从旁引进，而不径取核心。然如此乃见其万户千门、庄严邃密之境。此书至第十回，女主人方出场，故开卷之初，凡十余回皆追溯当年，或从旁铺叙，然每回各有其趣味浓深之处，读者切不可有厌烦之心，忽略看过，辜负良工苦心。此回为本书第二回，其位置及内容，均与石头记第二回冷子兴演说荣国府相同，足见大作者取途之暗合矣。】（《钮康氏家传》第二回，吴宓译）

(9) 上回书所讲的小钮康妥玛，远走高飞，到了印度，投入军中，屡立战功，后来升授太尉之职，一直过了三十五载，钮康太尉年已五十余岁，方才告老退休，回到英国。【按此书局势宏阔，结构细密，惟开卷处前后倒置，忽此忽彼，或用追述之法，至于数次，读者苟能细心紬绎，固可通彻领悟，且见其文心之妙，布置之工，然若稍行忽略，则迷离淆乱，如坠五里雾中，故译者遂略加注释，表明前后层次关系，以求醒目，即如此章，原文只录信六封，信稿以外，不着一字，今译文不得不酌加数段，故本回凡信稿以外之语，皆译者以己意所增入者，非好为哓哓，读者谅之。】（《钮康氏家传》第三回，吴宓译）

这几处注解的篇幅都比较长，不便引用原文，对前两例稍有影响。（6）是根据新人文主义之文学创作理念来评论原文，这一段引文之前的那段文字是沙克雷之古典精神和创作理念的突出体现，沙克雷的大意就是：他将要创作的这个故事不会偏激，将要展示真实的人性，而真实的人性从来就是二元的统一，既有高尚的部分，也有卑下的部分，好人并非尽善，坏人也不全恶。如前所述，对人性和社会之全之真的展示是沙克雷人文精神的根本体现。吴宓在沙克雷原文的基础上加入了一定的注解，突出艺术家不论是小说家还是诗人所必须具备的情怀以及伟大作品所需要表现的“正大宗旨”，所以注解（6）是从小说之宗旨和笔法上对原作的评论，与吴宓在译序中对沙克雷与迭更司的对比鉴赏相呼应。

（7）是对原文之文体特点的论述，而且用中国的例子来注解原文也是吴宓比较推崇的注解方式，比如在《介绍文学评论之原理》一文中，吴宓针对《文学评论之原理》一书的译者在翻译中将外国文学中的例证改为中国文学中的例证时指出，如果能将“原有例证悉译出而详加注解，更附上中国例证，以资比较而明渊源，则尤善”①。这一条注解也正是对上述原则的体现，（8）也是如此，不过（7）所评论的是文体风格，（8）则是着眼于小说

① 吴宓：《介绍文学评论之原理》，《学衡》1924 年第 28 期。

结构的特点，而且类比的对象仍然是《石头记》。

此外，吴宓的部分注解体现了他作为西洋文学专家而对特定文学背景知识的选择，比如根据主旨和笔法，将沙克雷的小说分为戏谑、讽刺、仁爱三个时期，以明示自己首译《钮康氏家传》的动机；比如第三回中对书信体小说的全面介绍，以明述沙克雷在这一章节的写作中所使用的小说手法的渊源；再如开篇部分对西方寓言故事传统的梳理。这些注解旨在帮助读者全面理解小说本身，并领悟沙克雷在小说艺术上的功力。

加注是译者常用的手法，不过不同的译者在注解之对象、方式、详略度、基本宗旨等的认识却不尽相同。从注解中我们不仅可以看到译者对原作本身的理解、批评和鉴赏，更能看到作者对翻译本身的理解，至少在吴宓的例子中我们发现，吴宓注解的重要性和精彩度一点也不亚于他的翻译本身，如果把吴宓翻译的原文本身比作一首美妙的歌曲，那么他的注解就好比这首歌曲的伴奏。

吴宓不仅是《钮康氏家传》的译者（姑且这么说，毕竟他只翻译了全书的前两章），更像是该书的评述者，因为他在评注上所花费的功夫一点也不少于他在翻译过程中的遣词造句。阅读吴宓的翻译，我们不仅看到了一个文笔精到的译者，更似乎看到了阅批《红楼梦》的脂砚斋或评点《水浒传》的金圣叹。吴宓的评论不仅包含一般译者通常都会做的对原作中相对陌生的语言文化知识的介绍，更包括他作为一个文学批评家本着新人文主义理念而对原品的点评和鉴赏。吴宓通过注解，旨在展示要理解沙克雷这部作品的全貌所需要的知识基础：第一是对英国小说史及文学史的全盘掌握和了解（且不说英国历史和风俗制度），比如书信体的小说、英国小说的两大传统以及沙克雷所代表的小说创作思想和流派等，缺乏这一文学史的眼光则很难准确定位和理解沙克雷的小说；第二是对小说艺术的深刻理解，也即需要一套中正合理的小说美学思想和批评思想，否则就会仅仅停留在语言转换的层面，而很难领悟沙克雷在小说中所展现出来的那份苦心，那种艺术理念和人文追求，而中正合理的小说批评思想一方面源于对文学本身的理解，另一方面自然也少不了第一点所述的文学史和小说史的知识，这是从历史和批评两个维度对小说本身展开的深入分析和鉴赏；第三是对沙克雷全部作品的了解，沙克雷的小说，基本上都是贯通一气，不同小说虽各不相同但彼此之间又相互照应，形成一个整体，比如“oneness”，于是前一部小说中的相关人物和情节或在后一部小说中屡屡出现，如果没有对沙克雷小说的全盘掌握，不仅不易厘清小说的思路，也意识不到该小说在作者整个创作生涯中的地位与代表性。

在吴宓的注解中，我们看到的是译者吴宓同时扮演着批评家的角色，不仅时不时会对书中相关意蕴、情节、人物插入自己的评论或见解，将小说放置在小说史中进行多个向度的介绍，更会本着小说艺术原理对原作展开全方位的赏析，这是阿皮亚（Appiah）所说的“深度翻译”所不能覆盖的[①]，我们在这里看到的不是作为文化人类学家的吴宓，而是作为古典精神之守护者和传播者、致力于国粹与新知之完美融合的人文主义译者吴宓。

第三节　小结

吴宓的小说翻译在选材和译法上都是新人文主义小说批评和

① Appiah, K. A., “Thick Translation”, In Venuti, L. ed., *The Translation Studies Reader*, London & New York: Routledge, 2000, pp. 417 – 429.

翻译思想的实践。在选材上，他将沙克雷置于英国文学史的语境中，本着人文主义小说批评的方式，对沙克雷的作品展开了深入而精到的赏析，沙克雷小说在多维分析中所展现出来的优秀小说所应当具备的品质是吴宓选择原文的主要动机。

而在具体译法上，吴宓本着形式与表达之统一的新人文主义翻译理念，以同为古典小说精品的《红楼梦》为选择体例和文字的参照和标准，即试图以《红楼梦》的格律来融化沙克雷的作品，从而达到国粹与新知的融合。

而在翻译的过程中，为通彻而“不留疑义”地向国内读者介绍这本书，吴宓除了文字体例的选择之外，还大量地使用注解，所以吴宓所展现的不仅仅是一个译者，有时是为原文的理解提供必要的背景知识的西洋文学专家，有时是明示原文意蕴、点评原作中相关情节或人物的说书人，有时又是本着小说美学的原理而评论鉴赏原文创作手法的批评家，在小说翻译中，吴宓深刻诠释着译者之于读者和作者的责任，在让读者不留疑义的同时，也竭力不辜负作者经营的苦心。

不可否认，吴宓的译作中难免会出现一些错误，有些甚至低级得让人无法理解。另外，虽然吴宓在对章回体体例的应用上尽显大师风范，但这么做，有时也会失去原文的简练，原文的部分语句因其特定句式而具有的文体效果，吴宓在经过重组或加入某些标识之后，就被抹平了。

吴宓的小说翻译虽然有限，但通过分析我们可以看出其中所涵盖的广阔知识，包括对人性和人生的理解，包括对小说与人生之关系的理解以及由此而衍生出来的小说之创作过程以及小说批评思想，还有对英国小说史的理解和对中国古典小说《红楼梦》的领悟，更包括对中国当时的文学创作和语言文字改革的考量。所以，吴宓小说翻译背后隐藏的是一幅广阔的新人文主义图景，我们也只有尽可能结合这幅图景，也才能深刻理解吴宓的用心，从而对他的小说翻译做出正当确切的阐发。

第六章　结语

作为对本书的总结，本章分为四个方面：一是对本书之经过的简要梳理，二是对本书之创新点的概括，三是对本书之不足的总结，四是对剩余研究空间和未来研究方向的展望。

第一节　本书之简要综述

本书以吴宓的翻译思想和实践为研究对象，以系统梳理吴宓的翻译思想和合理阐释吴宓的翻译活动为目的，在揭示吴宓翻译本来面目的同时，扩大我们对翻译内涵和外延的理解。为达到这一目标，研究视角的选定非常关键，本文并没有选择当代翻译学研究中比较热门的视点，而是在充分考虑吴宓学术思想的基础上，选择了吴宓所信奉并始终遵循的新人文主义思想，毕竟这是吴宓学术人生的思想基础，只有从这个角度去看，吴宓学术活动和思想背后的学理基础才能得以展示，吴宓翻译思想和实践的本来面貌才能得以展现。然后，以吴宓的翻译话语和相关著述为基本材料，本着新人文主义思想的基本内容、吴宓对新人文主义思想的阐述和应用，以及新人文主义思想在翻译中的主要投射，论述吴宓的翻译思想与新人文主义之间的联系，并通过吴宓的诗歌翻译和小说翻译进一步验证他的新人文主义翻译思想。

具体来说，从新人文主义的视角来看，与美国新人文主义学者对二元人性论的坚持和对自然主义一元人性的批评相对应，我们看到了吴宓对儒家思想精义的坚守和对新文化运动的批评；在新人文主义学者对古典精神的强调和近世自然主义文学运动或流派的批评中，我们看到了吴宓对诗学思想和小说批评的论述以及对模仿古典的倡议和对新文化派文学理念的批评。而作为传播或践行新人文主义思想或精神的翻译，自然也会被赋予新人文主义的功能，而且为实现这一功能，翻译也必定会呈现出相应的形态，这是新人文主义理念在翻译中的基本投射。

吴宓的翻译思想在很大程度上也是这一投射过程在中国语境中的展开、践行和充实。在翻译的功能上，吴宓凸显了翻译对于“人文重建”的关键性作用，注重翻译对中西文明精华和文化传统的承袭，强调翻译在调和新旧、融合中西、引进新知、发扬国粹方面的作用，注重对“人类思想言论之最精美者”的充分利用，以实现“建设新文化”的目标。在翻译的选材上，吴宓本着新人文主义和古典主义的批评标准或价值取向，呼吁在全面对比和深入批评的基础上，慎重甄取。而在具体翻译方法上，吴宓强调传统与外来的统一和译文在形式与表达上的统一。

吴宓的诗歌翻译和小说翻译正是在这一思想的主导下展开的。诗歌翻译方面，在选材上，吴宓本着新人文主义的诗学思想，分析选择与新人文主义诗学观相合的诗歌作品。在翻译方法上，吴宓坚持形式与表达的二元统一，充分意识到不同诗学传统在诗歌体例上的差别，反对机械模仿原诗格律或完全置格律于不顾的极端倾向，力主“以新材料入旧格律”的翻译理念，即在充分理解原作的基础上从中国诗歌格律中选择适合原作精神的格律，从而达到国粹与新知的融合。在小说翻译方面，吴宓本着新人文主义的小说美学，在分析对比之后，选择翻译沙克雷的两部小说，而在翻译方法上，吴宓选用了同为古典小说精品的《红楼梦》的体例，以求实现外来与传统的交合。

第二节　本书的创新点

新人文主义是本书的基本出发点，在这一视角下谈论“创新”的确比较困难，也需要慎重，否则就有负于“新人文主义”之名。首先，新旧从来就不是新人文主义论事的标准，更何况新人文主义学者的根本任务在于区别真伪，明辨是非，在于“缕析文化传承，使传统之精魂得以为继，从而使偏居一隅、转瞬即逝的现代人得见文明之全体，使过去之经验成为审视评判当前行为之资”[①]。其次，正如白璧德在《论创新》中所说的那样[②]，真正的创新固然不是无视事实本身而固守传统，因循守旧，更不是一味打破传统而片面求奇求异，而是在于对传统链条的延续，虽然这是相对于文学创作中的“创新”来说的，但对于学术也同样适用。所以这里不敢妄言“创新”，只是从以下三个方面来论述本书在“求真”或“将传统带入现代”（bring the past into the pres-

① 自译，原文见 Sutton，W.，*Modern American Criticism*，London：Prentice-Hall，1963，p. vii。

② 白璧德对于“创新”这一话题的论述不仅体现于《新拉奥孔》（*The New Laokoon*，1910）与《卢梭与浪漫主义》（*Rousseau and Romanticism*，1919）两本著作，更集中展现在“On Being Original”与“On Being Creative”两篇文章（分别收录于《文学与美国大学》《论创造》）。

ent）方面所做的努力。

第一是对吴宓翻译思想和实践作相对全面的梳理和总结。吴宓作为国学大师和西洋文学专家，为中国培养了一大批优秀的外语人才，但在相当长一段时间内吴宓并没有受到应有的关注，虽然20世纪90年代以来，国内学术界对吴宓的研究兴趣不断高涨，而且国内的翻译学研究在国际译学的影响下不断深入，学科的地位也在广泛的争论中不断得到彰显，但是对吴宓翻译的研究却一直有限，吴宓的翻译思想并没有得到系统的梳理，吴宓的翻译实践也没有得到深入的考察，吴宓作为翻译家的地位没有得到广泛的认可。即便不论吴宓翻译思想本身的价值，国内翻译学研究也不应该错过对作为新文化运动之批评的学衡派领袖吴宓的翻译的关注。在国内译学界普遍关注新文化派主将们的翻译思想，并广泛援引到当前译学研究中的热门视角的译学研究背景之下，本书致力于挖掘被淹没在新文化运动和当前翻译学研究大潮中的吴宓的翻译思想，并力求呈现其本来的面貌。

第二是根据吴宓的学术思想背景，选择新人文主义的视角来诠释吴宓的翻译思想和实践。吴宓在《论新文化运动》中指出，如果要建设新文化，“自当兼取中西文明之精华，而熔铸之，贯通之”，即须以对东西文化全体之通彻了解和中正批评为前提，而不能在“于西洋文明之学问，殊未深究”的情况下“但取一时一家之说，以相号召”①，这种“论究学问，阐求真理，阐明国粹，融化新知，以中正之眼光，行批评之职事，无偏无党，不激不随”② 的态度和精神也是研究吴宓时所应当具备的。这里且不论学术界在研究吴宓的其他学术思想时所出现的曲解或误读的现

① 吴宓：《论新文化运动》，《学衡》1922年第4期。

② 见《学衡杂志简章》。

象，而集中讨论吴宓的翻译研究所需要采取的态度和方式。吴宓的翻译思想和实践背后有着深厚的学理，其基础则是吴宓自投入白璧德门下之后就一直信奉并倡导的新人文主义思想。因此，如需对吴宓的翻译做出合理的解释，那就须结合这一理论视角，而不能在对吴宓的学术思想缺少必要了解的前提下片面选择当前译学中的相关研究视点，以叙事学、多元系统、意识形态等理论视角展开强制性解读，因为这只能算作是对理论的验证，而不是对吴宓本身的研究。有鉴于此，本文在充分考虑吴宓的学术思想和当前译学研究之“趋热”的特点之后[①]，选择了吴宓所信奉的新人文主义视角来解释或还原吴宓的翻译。

第三节　本书的不足

本书的不足主要有以下几点。

第一是涵盖得不够全面。本书致力于梳理并诠释吴宓的翻译思想和实践，但本文集中讨论的是吴宓的文学翻译，即诗歌翻译和小说翻译，而作为吴宓翻译思想之重要体现的学术性翻译，则没有涉及，这些诸如《葛兰坚论新》《白璧德之人文主义》《论循规蹈矩之益与纵性任情之害》《希腊之流传》《罗马之留传》《世界文学史》《但丁神曲通论》等针对西洋文学文化传统和新人文主义以及与之相关的思想的述译，同样是吴宓翻译思想和实践的重要组成部分，他在这些严肃的学术翻译中所使用的语言体例，以及他如何结合中国文化传统来翻译其中的相关概念，这些也是吴宓翻译思想的直接写照。

① 表现为两点：一是关注“热门”人物，二是援引“热门”视点。

另外，不仅仅是吴宓本人的翻译，还有他作为《学衡》的主编，对整个杂志翻译的影响，诸如对原文选择，诸如对译文体例的确定，这些都是研究吴宓翻译思想的重要材料。限于篇幅，本文并没有涉及这些方面，这是吴宓翻译思想研究上的一大缺失，希望能在后续的研究中得以补偿。

第二是诠释得不够深入。梳理吴宓的翻译思想并不难，困难的地方在于阐释，即在对吴宓翻译思想背后之理据的追寻上，这就不得不结合吴宓的学术思想本身。这就产生了一个难以克服的矛盾：一方面需要结合森林去理解树木，但另一方面又不能在对森林的介绍中失去了树木；不仅需要对吴宓的翻译思想展开合理的诠释，而且又须密切结合吴宓的学术思想背景，而后者是一个非常广阔的空间。吴宓的诗学思想、小说美学，连同他对新人文主义思想的理解以及他的诗歌翻译和小说翻译，这些都需要专项研究才能得到深入合理的透视，但是他们之间又有着密切的联系，缺乏对诗学、小说美学或人文主义思想等背景因素的了解，那就很难真正理解吴宓的翻译思想，更不能对他的诗歌翻译和小说翻译做出合理的阐释；但与此同时，深入全面透彻的审查和阐释他的翻译思想乃至诗歌翻译与小说翻译，却绝非一项研究所能完成的。这是作者在研究的过程中时时遇到的难题。

第三是论证稍显单一。本文以吴宓为主要着眼点，对吴宓翻译思想和实践的诠释也主要是围绕新人文主义的视角而展开，但是如果能广泛结合五四时期的思想背景，同时联系当代翻译学的相关思想，那么研究的深度和可信度势必也会更大。但限于文章的篇幅，也限于作者的思想厚度，本书也只能浅尝辄止。

第四节　未来研究方向

未来的研究方向可以从两个方面来说，一是根据上述所总结的不足继续完善，二是在本书思路的基础上进一步推进，总体上说，分为以下三点。

第一，以吴宓的学术翻译为对象的研究。如上所述，这是吴宓翻译的重要组成部分，也是吴宓翻译思想的重要体现，吴宓如何用“以新材料入旧格律”的方式处理这些学术作品中的相关概念？比如吴宓在翻译或介绍新人文主义思想的时候先后使用了“理”“欲”“礼”“物本主义”“奇美主义”“古学”等概念，那么吴宓的翻译是否准确呢？吴宓这么做又有什么理据？之前虽然有这方面的研究，但是由于对新人文主义思想的把握并不到位，诠释得并不深刻，误解也在所难免。对这些问题的准确回答离不开对新人文主义思想深刻全面的了解，尤其是不能带着当前的偏见。

我们还可以由新人文主义思想关键词或术语之译，推至整个新人文主义思想和文献作品的译介，比如对新人文主义大师、吴宓的导师白璧德作品的介绍和翻译，再如对英国文学批评家、后来对新人文主义思想影响深远的阿诺德的作品的翻译介绍，这些都是很值得推进的研究话题，也是很重要且必要的翻译项目。

第二，本着新人文主义的翻译思想和实践，展开对翻译和翻译研究的反思。本书重点聚焦吴宓的翻译，而对吴宓的翻译对当前译学或翻译本身的启示则没有展开。新人文主义坚持“一与多”的统一，反对自然主义一元论，新人文主义的翻译思想也就是对“中节合度”原则的有效利用。当初，吴宓试图以新人文主义的翻译来促进“人文重建”，来作为对陷入一偏之见的自然主义翻译倾向的批评。当前翻译学，无论在理论上还是在实践上，借用新人文主义的说法，就是“博放”有余而“精约”不足，翻译学的疆界看似在不断拓展和蔓延，但与此同时“翻译”本身是否在这一过程中得到了真正的提高或进步？文学翻译的功能以及批评的标准究竟缘何而来？或许新人文主义对于文学的认识和批评会对当前喧嚣混杂的译学研究有所启示。的确，翻译是复杂的，但是什么不复杂呢？既然如此，又何必过分强调？

第三，对翻译诗学的进一步思考。新人文主义根据对人本身的理解，对新古典主义、浪漫主义、写实主义、印象派、意象派等文学流派展开了相应的批评。那么自然主义一元人性论或自然主义的诗学观在翻译中的投射如何？我们可以据此对历史上的相关翻译思想做出更为精到的解释。以德国浪漫主义为例，以新人文主义的人性论为标准，那么浪漫主义的一个典型特征就是崇尚自然、想象、情感，追求新奇，这一崇尚“自发性”的人性观在翻译中的突出表现就是对差异的彰显。那么，德国浪漫主义运动之前的新古典主义翻译又如何理解？也就是说，诗学的角度有时可以对历史上的翻译做出更深刻的诠释，比如可以借此而展示特定文学思潮中特定翻译背后的诗学推动力。

附表　吴宓译作一览

大类	译文，原文	出处
A. 小说	《钮康氏家传》，第1—6回 William Thackeray，*The Newcomes.*	《学衡》1922年第1、2、3、4、7、8各期。
	《名利场》，第1回 William Thackeray，*Vanity Fair.*	《学衡》1926年第55期。
B. 世界文学与人文	《希腊之流传》第一篇“希腊对于世界将来之价值” The value of Greece to the future of the world. In Livingston，R. W.（ed.），*The Legacy of Greece*，Oxford：The Clarendon press，1921，pp. 1－23.	《学衡》1923年第23期。
	《世界文学史》，第1、2、3章 Richardson，William L. & Jesse M. Owen，*Literature of the World：An Introductory Study*，Boston：Ginn and Company，1922.	《学衡》1924年第28、29、30期。
	《罗马之留传》第七篇“罗马之家族及社会生活” Bailey，Cyril（ed.），*The Legacy of Rome*，Oxford：The Clarendon Press，1923.（Chapter 7 Family and Social Life）	《学衡》1925年第37期。
	《但丁神曲通论》美国葛兰坚教授撰 The Divine Comedy，by C. H. Grandgent.（Introduction）	《学衡》1925年第41期。
	《一七三四年班禅喇嘛告谕译释》［法语］	《学衡》1925年第43期。
	《蜗逊论心理学与文学》	《大公报·文学副刊》1928年9月17日。
	《古拉塞做事格言》［法语］	《学衡》1929年第70期。
	《佛斯特小说杂论》	《学衡》1929年第70期。

续表

大类	译文，原文	出处
C. 人文 主义 思想	《葛兰坚论新》 NOT YET THE NEW，in Grandgent，C. H. *Old and New*：*Sundry Papers*. Cambridge，Mass.：Harvard University Press，1920，3－24.	《学衡》1922 年第 6 期。
	《白璧德之人文主义》（法国《星期》杂志第 30 卷第 29 号、1921 年 7 月 16 日版，马西尔原作）［法语］ Louis J. A. Merier，L'Humanisme positiviste d'Irvy Babbitt，La Revue Hebdomadair，PLON. 16 JUILLET 1921.	《学衡》1923 年第 19 期。
	《沃姆中国教育谈》 The Essentials of Education，by G. N. Orme（a lecture）	《学衡》1923 年第 22 期。
	《白璧德论民治与领袖》 Babbitt，Irving，*Democracy and leadership*，Boston & New York：Houghton，Mifflin Company，1924.（Introduction）	《学衡》1924 年第 32 期。
	《白璧德论欧亚两洲文化》 Babbitt，Irving，*Democracy and leadership*，Boston & New York：Houghton，Mifflin Company，1924.（chapter 5，Europe and Asia）	《学衡》1925 年第 38 期。
	《论循规蹈矩之益与纵性任情之害》 Gerould，K. F.，*Modes and Morals*，Freeport，N. Y.：Books for Libraries Press，1920.（Taboo and Temperament）	《学衡》1925 年第 38 期。
	《物质生命心神论》 Hoernlé，R. F. Alfred，*Matter*，*Life*，*Mind*，*and God*：*Five Lectures on Contemporary Tendencies of Thought*，New York：Harcourt，Brace，1923.（Introduction & Chapter 1）	《学衡》1926 年第 53 期。
	《孔子老子学说对于德国青年之影响》 Reichwein，Adolf，*China and Europe*：*Intellectual and Artistic Contacts in the Eighteenth Century*，New York：Alfred A. Knopf，1925.（Introduction）	《学衡》1926 年第 54 期。
	《中国欧洲文化交通史略》 Reichwein，Adolf，*China and Europe*：*Intellectual and Artistic Contacts in the Eighteenth Century*，New York：Alfred A. Knopf，1925.	《学衡》1926 年第 55 期。

续表

大类	译文，原文	出处
C. 人文主义思想	《韦拉里论理智之危机》［法语］ Paul Valery，"La Crise de I' Esprit"，https：//www.guttenberg.org/cache/epub/65224/pg65224 - images.html.	《学衡》1928 年第 62 期。
	《韦拉里说诗中韵律之功用》［法语］ Paul Valery，"Au Sujet d' Adoms"，https：//www.guttenberg.org/cache/epub/65224/pg65224 - images.html.	《学衡》1928 年第 63 期。
	《穆尔论现今美国之新文学》 "The modern current in American literature"，by P. E. More，*The Forum*，January 1928，pp. 127 - 136.	《学衡》1928 年第 63 期。
	《白璧德论今后诗之趋势》 Babbitt，Irving，"Milton or Wordsworth?"，*The Forum*，October 1929.	《学衡》1929 年第 72 期。
	《穆尔论自然主义与人文主义之文学》 More，P. E.，*The Demon of the Absolute*，*New Shelburne Essays Volume I*，Princeton：Princeton University Press，1928.（PREFACE）	《学衡》1929 年第 72 期。
	《薛尔曼评传》	《学衡》1931 年第 73 期。
	《斑达论智识阶级之罪恶》［法语］ Belgion，Montgomery，"A Man of Ideas"，*The Saturday Review of Literature*，November 1928，Vol. 5，No. 14.	《学衡》1931 年第 74 期。
	《拉塞尔论柏格森之哲学》［法语］ Pierre Lasserre，"Le Destin de Bergson"，Nouvelles Litlervaires，Dec. 30，1930.	《学衡》1931 年第 74 期。
D. 诗歌	《沧桑艳传奇》 *Evangeline*，By Henry Longfellow.	原载《益智》杂志；吴宓诗话，商务印书馆 2007 年版，第 3—15 页。
	《牛津尖塔》 The Spires of Oxford，by Winifred M. Letts.	《学衡》1922 年第 9 期；《吴宓诗集》，商务印书馆 2004 年版，第 106—107 页。
	《古意》 Counsel to Girls，by Robert Herrick.	《学衡》1922 年第 12 期；《吴宓诗集》，商务印书馆 2004 年版，第 108 页。
	《安诺德挽歌》 Requiescat，by Matthew Arnold.	《学衡》1923 年第 14 期；《吴宓诗集》，商务印书馆 2004 年版，第 108—109 页。

续表

大类	译文，原文	出处
D. 诗歌	《死别》 Ballad of Colin and Lucy, by Tickell.	《学衡》1925 年第 48 期；《吴宓诗集》，商务印书馆 2004 年版，第 134 页。
	《愿君常忆我》 Remember, by Christina Rossetti.	《学衡》1926 年第 49 期；《吴宓诗集》，商务印书馆 2004 年版，第 135 页。
	《古决绝辞》 Monna Innominata: A Sonnet of Sonnets, by Christina Rossetti.（Sonnet 12）	《学衡》1928 年第 64 期；《吴宓诗集》，商务印书馆 2004 年版，第 194 页。
	《创造》诗第 181—184 行［法语］ L'Invention, by Chenier.	《吴宓诗集》卷首，商务印书馆 2004 年版。
	《逝矣逝矣》 "Passing away", by Christina Rossetti.	《吴宓诗集》卷首，商务印书馆 2004 年版。
	《译酒店主人歌》 W. M. Thackeray, *The Newcomes*, chapter 1.	《钮康氏家传》第一回，《学衡》1922 年第 1 期；《吴宓诗集》，商务印书馆 2004 年版，第 105 页。
	《译卡莱尔时箴》 Signs of the Times, by Thomas Carlyle.	《我之人生观》，《学衡》1923 年第 16 期；《吴宓诗集》，商务印书馆 2004 年版，第 110 页。
	《译日光》 "The sun's light when he unfolds it, Depends on the organ that beholds it", By William Blake.	《希腊之宗教》，《学衡》1923 年第 24 期；《吴宓诗集》，商务印书馆 2004 年版，第 111 页。
	《译信仰》 Miscellaneous Sonnets XXV（ii）, by William Wordsworth.（Line 5－11.）	《希腊之宗教》，《学衡》1923 年第 24 期；《吴宓诗集》，商务印书馆 2004 年版，第 111 页。
	《译灵感》 "The Excursion", by William Wordsworth.（Line 150－156.）	《希腊之宗教》，《学衡》1923 年第 24 期；《吴宓诗集》，商务印书馆 2004 年版，第 111 页。
	《节译奥维德诗》［拉丁语］ Livingstone, R. W.（ed.）, *The Legace of Greece*, London: Clarerdon Rress, 1921, p. 30.	《希腊之宗教》，《学衡》1923 年第 24 期；《吴宓诗集》，商务印书馆 2004 年版，第 111 页。

续表

大类	译文，原文	出处
D. 诗歌	《译壮往》 Livingstone, R. W. (ed.), *The Legace of Greece*, London: Clarerdon Rress, 1921, p. 37.	《希腊之宗教》，《学衡》1923 年第 24 期；《吴宓诗集》，商务印书馆 2004 年版，第 112 页。
	《译罗色蒂女士生日诗》 A Birthday, By Christina Rossetti.	《世界文学史》，《学衡》1924 年第 28 期；《吴宓诗集》，商务印书馆 2004 年版，第 112 页。
	《译书中世界》 I am not One who much or oft delight, by William Wordsworth. (line 35 – 36)	《世界文学史》，《学衡》1924 年第 28 期；《吴宓诗集》，商务印书馆 2004 年版，第 112 页。
	《译埃及国王颂》 From Richardson, William L. & Jesse M. Owen, *Literature of the World: An Introductory Study*, Boston: Ginn and Company, 1922, pp. 8 – 9.	《世界文学史》，《学衡》1924 年第 28 期；《吴宓诗集》，商务印书馆 2004 年版，第 113 页。
	《译吠陀中颂神之诗》 From Richardson, William L. & Jesse M. Owen, *Literature of the World: An Introductory Study*, Boston: Ginn and Company, 1922, pp. 16 – 17.	《世界文学史》，《学衡》1924 年第 29 期；《吴宓诗集》，商务印书馆 2004 年版，第 113 页。
	《译薄伽梵歌》 Bhagavad Gita.	《世界文学史》，《学衡》1924 年第 29 期；《吴宓诗集》，商务印书馆 2004 年版，第 113、114 页。
	《选译波斯诗人鄂马开亚谟四句诗集》 Rubaiyat 7, 16, 21, 27, 28, 46, 47, 64, 66, 68, 69, 100, 101（译自 Fitzgerald 之英译文） From Richardson, William L. & Jesse M. Owen, *Literature of the World: An Introductory Study*, Boston: Ginn and Company, 1922, pp. 21 – 23.	《世界文学史》，《学衡》1924 年第 29 期；《吴宓诗集》，商务印书馆 2004 年版，第 114、115 页。
	《译波斯诗人哈非思自题碣》 Richardson, William L. & Jesse M. Owen, *Literature of the World: An Introductory Study*, Boston: Ginn and Company, 1922, p. 24.	《世界文学史》，《学衡》1924 年第 29 期；《吴宓诗集》，商务印书馆 2004 年版，第 116 页。

续表

大类	译文，原文	出处
D. 诗歌	《译两截谜歌》[法语] 原文出自伏尔泰所著小说 Zadig Voltaire, Zadig ou la destinee, Paris: Garnier Flammarion, 1966, p. 30.	《查德熙传》,《学衡》1924 年第 34 期；《吴宓诗集》，商务印书馆 2004 年版，第 126 页。
	《译绝谷》 Samson Agonistes, by J. Milton. (Line 674 – 677.)	《白璧德释人文主义》，徐震堮译，《学衡》1924 年第 34 期；《吴宓诗集》，商务印书馆 2004 年版，第 126 页。
	《译天罚》（希腊剧作家 Euripides 之 *The Madness of Hercules*，译自英文。） Babbitt, Irving. *Democracy and leadership*, Boston & New York: Houghton, Mifflin Company, 1924, p. 181.	《白璧德论欧亚两洲文化》,《学衡》1925 年第 38 期；《吴宓诗集》，商务印书馆 2004 年版，第 126 页。
	《译习染》 Essay on Man II, by Alexander Pope. (Line 217 – 220.) Gerould, K. F. *Modes and Morals*, Freeport, N. Y.: Books for Libraries Press, 1920, p. 153.	《论循规蹈矩之益与纵性任情之害》,《学衡》1925 年第 38 期；《吴宓诗集》，商务印书馆 2004 年版，第 126 页。
	《译吾年二十一》 When I was One and Twenty, By A. E. Houseman.	《吴宓诗集》，商务印书馆 2004 年版，第 127 页。
	译讥英国贵族院议员（原文未录存）	《吴宓诗集》，商务印书馆 2004 年版，第 127 页。
	《译人智之卓越》 *Antigone*, line 332 – 363, by Sophocles [译自英文]	《物质生命心神论》,《学衡》1926 年第 53 期；《吴宓诗集》，商务印书馆 2004 年版，第 138 页。
	《译雪莱天方革命纪诗序》 The Revolt of Islam, Prelude, Stanza 1, by P. Shelley.	《吴宓诗集》，商务印书馆 2004 年版，第 194 页。
	《译拜伦孤独》 Solitude (*Childe Harold's Pilgrimage*, Canto IV.), by Lord Byron.	《吴宓诗集》，商务印书馆 2004 年版，第 195 页。
	《译沙克雷反少年维特之烦恼》 Sorrows of young Werther, by Thackerary.	《吴宓诗集》，商务印书馆 2004 年版，第 261 页。
	《节译加突鲁斯 Catullus 诗》[拉丁语] 吴宓在译诗末尾提供了原文 Odi et amo: quare id faciam fortasse requiris; Nescio, sed fieri sentio et excrucior.	《吴宓诗集》，商务印书馆 2004 年版，第 270 页。

续表

大类	译文，原文	出处
D. 诗歌	《译辛格叙旨》 Prelude, by J. M. Synge.	《吴宓诗集》，商务印书馆2004年版，第346页。
	《译辜律己伊貌非动人》 She is Not Fair to Outward View, by Hartley Coleridge.	《吴宓诗集》，商务印书馆2004年版，第347页。
	《节译丁尼生小河诗》 The Brook, by Tennyson. (Stanza 2－3)	《吴宓诗集》，商务印书馆2004年版，第347页。
	《译赖夫雷斯别所欢从军歌》 To Lucasta Going to the Wars, By Richard Lovelace.	《吴宓诗集》，商务印书馆2004年版，第347页。
	《节译莎士比亚天仇记中四句》 HAMLET, Act I, Scene iii, line 7－10, By William Shakespeare.	《吴宓诗集》，商务印书馆2004年版，第347页。
	《译丁尼生角笛歌》 The bugle Song, from*The Princess*: *the Splendour Falls on Castle Walls*, By Tennyson.	《吴宓诗集》，商务印书馆2004年版，第382页。
	《译婚后情人诗》 The Married Lover, by Coventry Patmore.	《吴宓诗集》，商务印书馆2004年版，第382—383页。
	《节译雪莱长诗》 To Harriet, from*the Esdaile manuscript*, By Shelley.	《吴宓诗集》，商务印书馆2004年版，第443、444页。
	《译英国华兹华斯成幼不倦诗》 The Rainbow, by William Wordsworth.	《吴宓诗集》，商务印书馆2004年版，第448页。

附注：1. 这里只是列举了大多数的方便查询的吴宓译作，还有部分译作由于未能得见而没有列入，比如于1921年至1922年陆续发表于《中华新报》的《青年励志篇》（见李继凯、刘瑞英编《追忆吴宓》，社会科学文献出版社2001年版，第523页）；另外，吴宓在《大公报·文学副刊》上发表的多数译文大多也都见诸《学衡》杂志，有些在录入时吴宓会稍作改动，比如收录于《学衡》1928年第63期的译文《穆尔论现今美国之新文学》，于1928年7月9日、16日、23日、30日以《美国现代文学中之新潮流》之名连载于《大公报·文学副刊》。2. 关于吴宓的译作，这里的分类并没有采取小说、诗歌、散文、戏剧等为主类别的常用文体分类标准，而是出于对译作主题的思考，如果以译文的体裁为参照，吴宓的翻译不仅包括上述的小说和诗歌，还包括戏剧（《沧桑艳传奇》）、散文（比如对柏拉图《理想国》中之片断的翻译，见吴宓《吴宓日记之Ⅱ》，生活·读书·新知三联书店1998年版，第66页）、韵文（比如吴宓在翻译《世界文学史》之圣经文学部分时，对《圣经》部分篇章的翻译，见吴宓《世界文学史》，《学衡》1924年第30期）。

参考文献

[德] 阿伦特编:《启迪：本雅明文选》，张旭东、王斑译，生活·读书·新知三联书店 2014 年版。

[英] 阿诺德:《文化与无政府状态》，韩敏中译，生活·读书·新知三联书店 2002 年版。

[美] 白璧德:《卢梭与浪漫主义》，孙宜学译，河北教育出版社 2003 年版。

[美] 白璧德:《文学与美国的大学》，张沛译，北京大学出版社 2004 年版。

[法] 贝西埃:《诗学史》，史忠义译，河南大学出版社 2010 年版。

[英] 布洛克:《西方人文主义传统》，董乐山译，生活·读书·新知三联书店 1997 年版。

[德] 莱辛:《 拉奥孔》，朱光潜译，人民文学出版社 1984 年版。

[美] 欧文·白璧德:《白璧德与人文主义》，徐震谔、吴宓、胡先骕合译，新月书店 1929 年版。

[英] 萨克雷:《名利场》，杨必译，人民文学出版社 2001 年版。

[英] 萨克雷:《钮可谟一家》，王培德译，人民文学出版社 1984 年版。

［德］斯宾格勒：《西方的没落》，齐世荣、田农等译，商务印书馆 1963 年版。

［古希腊］亚里士多德：《诗学》，陈中梅译，商务印书馆 2005 年版。

白葭：《十五小豪杰・序》，见王运熙主编《中国近代文论选》（上册），江苏文艺出版社 1996 年版。

白立平、朱志瑜：《吴宓与〈学衡〉杂志的翻译》，《翻译季刊》2011 年第 3 期。

白立平：《"以新材料入旧格律"：吴宓翻译思想研究》，《语言与翻译》2017 年第 1 期。

白立平：《吴宓对白璧德著作的译介》，《亚太跨学科翻译研究》2020 年第 1 期。

白立平：《吴宓译〈名利场〉中标点符号的处理》，《亚太跨学科翻译研究》2021 年第 2 期。

北塔：《情痴诗僧吴宓传》，团结出版社 2000 年版。

蔡恒、高益荣：《硕学方位席上珍——吴宓的读书生活》，万卷出版公司 2018 年版。

曹雪芹：《红楼梦》，脂砚斋评注，岳麓书社 2015 年版。

常耀信编：《英国文学通史》，南开大学出版社 2013 年版。

陈独秀：《陈独秀文章选编（中）》，生活・读书・新知三联书店 1984 年版。

陈福康：《中国译学理论史稿》，上海外语教育出版社 2000 年版。

陈建中：《翻译是模仿：兼论吴宓的翻译观》，《四川外语学院学报》1991 年第 1 期。

陈建中：《吴宓的译诗（上）》，《外语教学与研究》1993 年第 2 期。

陈建中：《吴宓的译诗（下）》，《外语教学与研究》1993 年第 3 期。

陈建中：《吴宓先生诞辰95周年纪念大会暨学术研讨会综述》，《陕西师范大学学报》（哲学社会科学版）1990年第4期。

陈建中、蔡恒编：《吴宓的博雅之士观：清华外文系的教育范式》，《东方丛刊》1996年第1辑。

陈剑辉、宋剑华主编：《20世纪中国文学批评史》，海南出版社2003年版。

陈崧编：《五四前后东西文化问题论战文选》，中国社会科学出版社1985年版。

陈望道：《修辞学发凡》，上海外语教育出版社1997年版。

陈寅恪：《金明馆丛稿初编》，生活·读书·新知三联书店2001年版。

戴继国：《率真与达雅——吴宓译诗管窥》，《外语教学》1995年第1期。

邓晓芒、赵林：《西方哲学史》，高等教育出版社2005年版。

段怀清编：《新人文主义思潮：白璧德在中国》，江西高校出版社2009年版。

方开瑞：《从吴必的翻译活动看小说翻译中叙述文体的变化》，《中国翻译》2007年第1期。

冯友兰：《中国哲学史简史》，北京大学出版社1996年版。

傅宏星：《吴宓"翻译术"课程教学初探》，《外国语文》2015年第6期。

傅宏星：《吴宓评传》，华中师范大学出版社2008年版。

傅宏星：《吴宓与民国时期清华外文系的研究生培养》，《咸阳师范学院学报》2016年第3期。

傅宏星：《吴宓主编〈武汉日报·文学副刊〉的初步考察》，《近代史学刊》2015年第2期。

傅乐诗：《近代中国思想任人物论：保守主义》，时报文化出版事业有限公司 1995 年版。

傅雷：《〈高老头〉重译本序》，见罗新璋编《翻译论集》，商务印书馆 1984 年版。

何世进、于奇智：《吴宓的感情世界》，广东人民出版社 2001 年版。

洪溪珧：《〈翻译批评论：约翰·唐〉述评》，《外语教学与研究》2012 年第 1 期。

胡逢祥：《社会变革与文化传统》，上海人民出版社 2000 年版。

胡适：《胡适文集》，北京大学出版社 1998 年版。

黄国文：《翻译研究的语言学探索——古诗词英译本的语言学分析》，上海外语教育出版社 2006 年版。

黄世坦编：《回忆吴宓先生》，陕西人民出版社 1990 年版。

江家俊：《怀念恩师吴宓（雨僧）先生》，见黄世坦编《回忆吴宓先生》，陕西人民出版社 1990 年版。

江家俊：《先师吴宓传略》，见黄世坦编《回忆吴宓先生》，陕西人民出版社 1990 年版。

蒋书丽：《坚守与开拓：吴宓的文化理想与实践》，社会科学文献出版社 2009 年版。

蒋书丽：《论吴宓中西融合的文化理想与实践》，博士学位论文，华东师范大学，2005 年。

旷新年：《学衡派与新人文主义》，《北京大学学报》1994 年第 6 期。

乐黛云：《世界文化语境中的学衡派》，《中国现代文学研究丛刊》2005 年第 3 期。

李帆、杨毅丰、康蕙茹主编：《民国思想文丛：学衡派》，长春出版社 2013 年版。

李赋宁：《学习吴宓先生的〈文学与人生〉课程讲授提纲后的体会》，见吴宓《文学与人生》，王岷源编译，清华大学出版社1996年版。

李赋宁等编：《第一届吴宓学术讨论会论文选集》，陕西人民教育出版社1992年版。

李赋宁等编：《第二届吴宓学术讨论会论文选集》，陕西人民教育出版社1994年版。

李广柏：《红学史（下）》，广东教育出版社2010年版。

李继凯、刘瑞英编：《追忆吴宓》，社会科学文献出版社2001年版。

李继凯、刘瑞英编：《解析吴宓》，社会科学文献出版社2001年版。

李淑玲、吴格非：《萨克雷及其小说在二十世纪中国的传播与接受》，《外语与翻译》2005年第2期。

李怡：《论“学衡派”与五四新文学运动》，《中国社会科学》1998年第6期。

李泽厚：《中国现代思想史论》，东方出版社1987年版。

梁启超：《翻译文学与佛典》，见罗新璋编《翻译论集》，商务印书馆1984年版。

梁实秋：《梁实秋批评文集》，珠海出版社1998年版。

梁实秋：《梁实秋文集卷I》，庐江出版社1998年版。

梁漱溟：《东西文化及其哲学》（第2版），上海人民出版社2015年版。

廖太燕：《〈武汉日报〉吴宓佚文辑述》，《现代中国文学与文化》2015年第2期。

廖太燕：《吴宓与〈武汉日报·文学副刊〉》，《中国现代文学研究丛刊》2014年第7期。

林毓生：《中国传统的创造性转化》，生活·读书·新知三联书店

1988 年版。

刘霁：《学术网络知识传播中的文学译介研究——以“学衡派”为中心》，博士学位论文，复旦大学，2007 年。

刘家全等编：《第三届吴宓学术讨论会论文选集》，陕西人民教育出版社 2005 年版。

刘黎红：《五四文化保守主义思潮研究》，中国社会科学出版社 2006 年版。

刘明华：《吴宓教学年谱》，见王泉根编《多维视野中的吴宓》，重庆出版社 2001 年版。

刘明华：《吴宓教育年谱》，《重庆教育学院学报》1999 年第 4 期。

刘淑玲：《吴宓和民国文人》，人民文学出版社 2016 年版。

刘淑玲：《吴宓与〈大公报·文学副刊〉》，《中国现代文学研究丛刊》2001 年第 1 期。

刘雾：《操纵翻译的多重因素——罗塞蒂诗歌在〈学衡〉的译介》，《外语与翻译》2005 年第 2 期。

鲁迅：《鲁迅全集第 10 卷》，人民文学出版社 1981 年版。

吕敏宏、刘世生：《会通中西之学，培育博雅之士——吴宓先生人文主义外语教育思想研究》，《语教育与研究》2011 年第 2 期。

吕启详、林东海主编：《红楼梦研究稀见资料汇编》，人民文学出版社 2001 年版。

罗新璋：《翻译论集》，商务印书馆 1984 年版。

罗新璋：《我国自成体系的翻译理论》，见罗新璋编《翻译论集》，商务印书馆 1984 年版。

马红军：《吴宓留美期间译介〈红楼梦〉考述》，《红楼梦学刊》2017 年第 1 期。

马冀等选编：《新青年选粹》，辽宁大学出版社 2001 年版。
马玉红：《梁实秋人文主义人生艺术追求与实践》，民族出版社 2006 年版。
马祖毅：《中国翻译史》，湖北教育出版社 1999 年版。
矛盾：《茅盾文艺杂论集（上集）》，上海文艺出版社 1981 年版。
梅光迪：《梅光迪文存》，中华梅氏文化研究会编，华中师范大学出版社 2011 年版。
梅光迪：《梅光迪文录》，辽宁教育出版社 2001 年版。
弥尔顿：《弥尔顿诗选》，朱维之选译，人民文学出版社 1998 年版。
缪钺：《回忆吴宓先生》，见黄世坦编《回忆吴宓先生》，陕西人民出版社 1990 年版。
穆雷、邹兵：《中国翻译学研究现状的文献计量分析（1992—2013）》，《中国翻译》2014 年第 2 期。
齐家莹：《清华人文学科年谱》，清华大学出版社 1998 年版。
钱锺书：《林纾的翻译》，见罗新璋编《翻译论集》，商务印书馆 1984 年版。
清华大学校史研究室编：《清华大学史料选编第二卷》，清华大学出版社 1991 年版。
锐锋：《吴宓教授谈文学与人生》，见黄世坦编《回忆吴宓先生》，陕西人民出版社 1990 年版。
沈卫威：《“学衡派”谱系：历史与叙事》，江西教育出版社 2007 年版。
沈卫威：《回眸“学衡派”：文化保守主义的现代命运》，人民文学出版社 1994 年版。
沈卫威：《情僧苦行：吴宓传》，东方出版社 2000 年版。
沈卫威：《吴宓与〈学衡〉》，河南大学出版社 2008 年版。

沈治钧：《吴宓红学讲座述略》，《红楼梦学刊》2008 年第 5 期。
施耐庵：《金圣叹批评本水浒传》，岳麓书社 2015 年版。
史元明：《好德好色吴宓：吴宓的坎坷人生》，东方出版社 2011 年版。
孙尚扬、郭兰芳编：《国故新知论：学衡派文化论著辑要》，中国广播电视出版社 1995 年版。
孙媛：《叩问现代性的另一种声音：王国维、吴宓、钱钟书诗学现代性建构理路研究》，中国社会科学出版社 2012 年版。
孙媛：《现代性视域中的吴宓诗学思想研究》，博士学位论文，山东大学，2009 年。
覃江华、许钧：《许渊冲翻译思想的学术渊源考略》，《中国文化研究》2017 年第 2 期。
汤一介编：《国故新知：中国传统文化的再释》，北京大学出版社 1993 年版。
汤用彤：《汤用彤全集第一卷》，河北人民出版社 2000 年版。
汪淑潜：《新旧问题》，见陈崧编《五四前后东西文化问题论战文选》，中国社会科学出版社 1985 年版。
王本朝编：《世上只有一个吴宓：吴宓逝世 40 周年学术研讨会论文集》，九州出版社 2020 年版。
王本朝编：《吴宓研究的新拓展和新突破》，九州出版社 2021 年版。
王本朝编：《学术传承与精神永恒——西南联大论说吴宓》，九州出版社 2021 年版。
王东风：《跨学科的翻译研究》，复旦大学出版社 2014 年版。
王东风：《连贯与翻译》，上海外语教育出版社 2009 年版。
王东风：《英汉名译赏析》，外语教学与研究出版社 2014 年版。
王东风：《语言学与翻译：概念与方法》，上海外语教育出版社 2009

年版。

王岷源：《在任何文明社会都应受到尊敬的人——深切怀念雨僧师》，见吴宓《文学与人生》，王岷源编译，清华大学出版社1996 年版。

王泉根：《吴宓与二十世纪中国文化——98 重庆“吴宓学术研讨会”综述》，《中国文化研究》1998 年第 3 期。

王泉根编：《多维视野中的吴宓》，重庆出版社 2001 年版。

王岫庐：《翻译之镜：文字的辨认与寻绎》，译林出版社 2021 年版。

王岫庐：《试论“深描”法对翻译研究的启发》，《中国翻译》2013 年第 5 期。

王岫庐：《译者文化态度的多歧性及其对翻译过程的影响》，《中国翻译》2014 年第 4 期。

王雪明：《被遮蔽的另面景观：“学衡”派翻译研究》，《中国翻译》2011 年第 6 期。

王雪明、杨子：《多元系统中的边缘系统——以“学衡”派翻译活动为例》，《外语教学》2012 年第 6 期。

王雪明：《制衡·融合·阻抗——学衡派翻译研究》，博士学位论文，复旦大学，2008 年。

温源宁：《不够知己》，岳麓书社 2004 年版。

吴芳吉：《吴芳吉全集》，华东师范大学出版社 2014 年版。

吴宓：《文学与人生》，王岷源编译，清华大学出版社 1996 年版。

吴宓：《吴宓日记》，吴学昭整理、注释，生活·读书·新知三联书店 1998 年版。

吴宓：《吴宓日记续编》，吴学昭整理、注释，生活·读书·新知三联书店 2006 年版。

吴宓：《吴宓诗话》，吴学昭整理，商务印书馆 2007 年版。

吴宓：《吴宓诗集》，吴学昭整理，商务印书馆 2004 年版。
吴宓：《吴宓诗集》，中华书局 1935 年版。
吴宓：《吴宓书信集》，吴学昭整理、注释、翻译，生活·读书·新知三联书店 2011 年版。
吴宓：《吴宓自编年谱》，吴学昭整理、注释、翻译，生活·读书·新知三联书店 1995 年版。
《吴宓著（译）作年表》，《文教资料》2000 年第 3 期。
吴宓著，周绚隆编：《〈红楼梦〉新谈：吴宓红学论集》，人民文学出版社 2021 年版。
吴宓著，周轶群编：《世界文学史大纲》，商务印书馆 2020 年版。
吴学昭：《吴宓与陈寅恪》，生活·读书·新知三联书店 2014 年版。
伍启元：《中国新文化运动概观》，现代书局 1934 年版。
谢天振、查明建：《中国现代翻译文学史》，上海外语教育出版社 2004 年版。
徐葆耕：《会通派如是说：吴宓集》，上海文艺出版社 1998 年版。
许军娥：《吴宓著译系年目录辑要》，伊犁人民出版社 2000 年版。
许钧、穆雷：《中国翻译学研究 30 年》，《外国语》2009 年第 1 期。
许渊冲：《梦与真——许渊冲自述》，河南文艺出版社 2017 年版。
许渊冲：《任尔东西南北风：许渊冲中外经典译著前言后语集锦》，清华大学出版社 2014 年版。
许渊冲：《追忆逝水年华：从西南联大到巴黎大学》，生活·读书·新知三联书店 1996 年版。
严复：《〈天演论〉译例言》，见罗新璋编《翻译论集》，商务印书馆 1984 年版。
严家炎编：《二十世纪小说理论资料第 2 卷》，北京大学出版社 1997 年版。

杨绛：《吴宓先生与钱锺书》，《读书》1998 年第 6 期。

杨莉馨、王苇：《论〈学衡〉的文学翻译与文化抉择》，《南京师范大学学报》2015 年第 3 期。

杨莉馨：《论学衡诗歌译介与新人文主义》，《中国比较文学》2015 年第 3 期。

杨周翰、乐黛云主编：《中国比较文学年鉴》，北京大学出版社 1987 年版。

杨周翰：《吴宓——中国比较文学的拓荒者》，见黄世坦编《回忆吴宓先生》，陕西人民出版社 1990 年版。

余英时著，何俊编：《余英时学术思想文选》，上海古籍出版社 2010 年版。

俞兆平：《中国现代三大文学思潮新论》，人民文学出版社 2006 年版。

占如默、张忠梅：《吴宓编译〈哑剧〉考述》，《现代中国文化与文学》2020 年第 4 期。

张弘：《论吴宓思想的体系性及其“一多”观念》，《浙江大学学报》（人文社会科学版）2005 年第 3 期。

张保红：《古诗英译中西翻译流派比较研究》，人民出版社 2018 年版。

张保红：《汉英诗歌翻译与对比研究》，中国地质大学出版社 2003 年版。

张保红：《文学翻译》，外语教学与研究出版社 2011 年版。

张保红：《中外诗人共灵犀：英汉诗歌比较与翻译研究》，上海外语教育出版社 2012 年版。

张贺敏：《学衡派研究述评》，《中国现代文学研究丛刊》2001 年第 4 期。

张宏：《吴宓——思想的使者》，文津出版社 2005 年版。
张江：《强制阐释论》，《都市文化研究》2017 年第 1 期。
张江：《强制阐释论》，《文学评论》2014 年第 6 期。
张江：《再论强制阐释》，《国社会科学》2021 年第 2 期。
张稔穰：《中国古代小说艺术教程》，山东教育出版社 1991 年版。
张旭：《融化新知与诗学重估——白话文学语境中“学衡派”英诗复译现象考察一例》，《外语研究》2010 年第 6 期。
张旭：《译诗创格与诗学重估——吴宓早年英诗汉译活动寻踪》，《盐城师范学院学报》2010 年第 3 期。
张源：《从“人文主义”到“保守主义”：〈学衡〉中的白璧德》，生活·读书·新知三联书店 2009 年版。
张源：《论白璧德“人文主义”思想的三个核心概念》，《国外文学》2007 年第 4 期。
张中行：《文言和白话》，黑龙江人民教育出版社 1988 年版。
张紫葛：《心香泪酒祭吴宓》，广州出版社 1997 年版。
赵黎明：《“诗辨”传统与学衡派“新诗”概念的形成》，《浙江大学学报》2012 年第 3 期。
赵连元：《中国比较文学之父》，见李继凯、刘瑞英主编《解析吴宓》，社会科学文献出版社 2001 年版。
赵稀方：《另类现代性的构建——从翻译看〈学衡〉派》，《安徽大学学报》2014 年第 3 期。
郑伯奇编：《中国新文学大系·小说三集》，上海文艺出版社 1981 年版。
郑大华：《论白璧德新人文主义对“学衡派”的影响》，《中国文化研究》2007 年第 2 期。
郑大华：《民国思想家论》，中华书局 2006 年版。

郑大华：《民国思想史论》，社会科学文献出版社 2006 年版。

郑大华：《民国思想史论续集》，社会科学文献出版社 2010 年版。

郑大华、贾小叶：《20 世纪 90 年代以来中国近代史上的激进与保守研究述评》，《近代史研究》2005 年第 4 期。

郑海麟：《思想·历史与文化评论》，湖南出版社 2010 年版。

郑师渠：《在欧化与国粹之间：学衡派文化思想研究》，北京师范大学出版社 2001 年版。

周辅成：《吴宓的人生观和道德理想》，见吴宓《文学与人生》，王岷源编译，清华大学出版社 1996 年版。

周佩瑶：《白璧德人文主义视野下的中国想象》，《中国现代文学研究丛刊》2010 年第 5 期。

周绍良等编：《中国近代文论选》，人民文学出版社 1962 年版。

周轶群：《吴宓与世界文学》，见吴宓著作，周轶群编《世界文学史大纲》，商务印书馆 2020 年版。

周云：《学衡派的政治观念与西方保守主义》，《广东社会科学》2008 年第 3 期。

周云：《学衡派政治观念评述——兼论北洋知识界政治观念的几个特点》，《中国社会历史评论》2004 年第 3 期。

朱徽：《吴宓的翻译观》，见王泉根编《多维视野中的吴宓》，重庆出版社 2001 年版。

朱寿桐：《欧文·白璧德在中国现代文化建构中的宿命角色》，《外国文学评论》2003 年第 2 期。

朱寿桐：《文学与人生十五讲》，北京大学出版社 2006 年版。

朱寿桐：《新人文主义的中国影迹》，中国社会科学出版社 2009 年版。

朱自清：《朱自清中国文学批评研究讲义》，天津古籍出版社 2004

年版。

Abrams, M. H., *A Glossary of Literary Terms* (*5th ed.*), New York: Holt, Rinehart, and Winston, 2009.

Abrams, M. H., *The Mirror and the Lamp: Romantic Theory and the Critical Tradition*, New York: Oxford University Press, 1953.

Addison, J., *Addison: Selections from Addison's Papers Contributed to the Spectator*, Oxford: Clarendon Press, 1894.

Andre, J., ed., *Thinking through Translation with Metaphors*, Manchester & New York: St. Jerome Publishing, 2010.

Appiah, K. A., "Thick Translation", In Venuti, L., ed., *The Translation Studies Reader*, London & New York: Routledge, 2000: 417 – 429.

Aristotle, *Poetics*, Translated by I. Bywater, Oxford: Clarendon Press, 1924.

Arnold, M., *Selected Prose*, Harmondsworth: Penguin Books, 1970.

Arnold, M., *Culture and Anarchy*, New York: Macmillan, 1925.

Arnold, M., "On Translating Homer (Two Essays: 1861; 1862)", In Arnold, M., *Selected Prose*, Harmondsworth: Penguin Books, 1970: 57 – 98.

Arnold, M., "The Study of Poetry", In Arnold, M., *Selected Prose*, Harmondsworth: Penguin Books, 1970: 340 – 365.

Babbitt, I., *Character and Culture: Essays on East and West*, New Jersey: Transaction Publishers, 1995.

Babbitt, I., *Democracy and leadership*, Boston & New York: Houghton Mifflin Company, 1924.

Babbitt, I., *Irving Babbitt*, *Representative Writings*, Lincoln: University of Nebraska Press, 1981.

Babbitt, I., *Literature and the American College: Essays in Defense of the Humanities*, Boston & New York: Houghton Mifflin Company, 1908.

Babbitt, I., *On Being Creative, and Other Essays*, Boston & New York: Houghton Mifflin Company, 1932.

Babbitt, I., *Rousseau and Romanticism*, Boston & New York: Houghton Mifflin Company, 1919.

Babbitt, I., *The Masters of Modern French Criticism*, Boston & New York: Houghton Mifflin Company, 1912.

Babbitt, I., *The New Laokoon: An Essay on the Confusion of the Arts*, Boston & New York: Houghton Mifflin, 1910.

Bailey, C., ed., *The Legacy of Rome*, Oxford: The Clarendon Press, 1923.

Bake, M., ed., *The Routledge Encyclopedia of Translation Studies*, Shanghai: Shanghai Foreign Language Education Press, 2010.

Barnes, J., ed., *The Complete Works* (*Aristotle*), Princeton, N. J.: Princeton University Press, 1991.

Barstone, W., *The Poetics of Translation: History, Theory, Practice*, New Haven: Yale University Press, 1995.

Bassnett, S., *Translation Studies* (*3rd ed.*), London & New York: Routledge, 2002.

Benjamin, W., "The Task of the Translator", Translated by Harry Zohn. In Venuti, L., ed., *The Translation Studies Reader*, London & New York: Routledge, 2000: 15–25.

Berman, A., *The Experience of the Foreign: Culture and Translation in Romantic Germany*, Translated by S. Heyvaert, New York: State University of New York Press, 1992.

Berman, A., "Translation and the Trials of the Foreign", In Venuti, L., ed., *The Translation Studies Reader*, London & New York: Routledge, 2000: 284-297.

Boase-Beier, J., *A Critical Introduction to Translation Studies*, London & New York: Continuum, 2011.

Bullock, A., *The Humanist Tradition in the West*, London: Thames and Hudson, 1985.

Chatman, S., ed., *Approaches to Poetics*, New York, Columbia University Press, 1973.

Cheung, M. P. Y., *An Anthology of Chinese Discourse on Translation, Vol. 1, From Earliest Times to the Buddhist Project*, Manchester: St. Jerome, 2006.

Cox, K., *The Classic Point of View: Six Lectures on Painting*, New York: Charles Scribner's Sons, 1919.

Cuddon, J. A., *The Penguin Dictionary of Literary Terms and Literary Theory (3rd ed.)*, London: Penguin Book, 1991.

Culler, J. D., *On Deconstruction: Theory and Criticism after Structuralism*, Beijing: Foreign Language Teaching and Research Press, 2004.

Culler, J. D., *Structuralist Poetics: Structuralism, Linguistics and the Study of Literature*, London & New York: Routledge, 2002.

Cunliffe, J. W., ed., *Century Readings in English Literature (5th ed.)*, New York & London: D. Appleton-Century Company, 1940.

Dillon, J. J., "Irving Babbitt's 'New Humanism' and Its Potential Value to Humanistic Psychology", *The Humanistic Psychologist*, Vol. 34, No. 1, 2006, pp. 59 – 73.

Dryden, J., "On Translation", In Schulte, R. & J. Biguenet, *Theories of translation: An Anthology of Essays from Dryden to Derrida*, Chicago: University of Chicago Press, 1992: 17 – 31.

D'hulst, L., "Why and How to Write Translation Histories", In: John Milton (ed.) *Emerging Views on Translation History in Brazil*, Crop 6, Sao Paulo: Humanitas FFLCH/USP, 2001: 21 – 32.

Eagleton, T., *Literary Theory: An Introduction*, Malden, MA: Blackwell, 2008.

Eliot, T. S., *Selected Essays*, New York: Harcourt Brace Jovanovich, 1978.

Eliot, T. S., "Tradition and the Individual Talent", *Perspecta*, Vol. 19, 1982, pp. 36 – 42.

Erlich, V., *Russian Formalism: History, Doctrine*, Berlin: De Gruyter Mouton, 1980.

Even-Zohar, I., "The Name and Nature of Translation Studies", In Venuti, L., ed., *The Translation Studies Reader*, London & New York: Routledge, 2000: 192 – 197.

Fairclough, N., *Language and Power*, London: Longman, 1989.

Fielding, H., *The Works of Henry Fielding, Vol. One*, New York: Jenson Society, 1903.

Fish, S., *Is There a Text in This Class? The Authority of Interpretive Communities*, Cambridge, MA: Harvard UP, 1980.

Foerster, N., *Towards Standards: A Study of the Present Critical*

Movement in American Letters, New York: Farrar & Rinehart incorporated, 1930.

Foerster, N., ed., *Humanism and America: Essays on the Outlook of Modern Civilization*, New York: Farrar and Rinehart, 1930.

Gentzler, E., *Contemporary Translation Theories*, London & New York: Routledge, 2001.

Gerould, K. F., *Modes and Morals*, Freeport, N. Y.: Books for Libraries Press, 1920.

Grandgent, C. H., *Old and New: Sundry Papers*, Cambridge, Mass.: Harvard University Press, 1920.

Grattan, H., *The critique of Humanism: A Symposium*, New York: Brewer and Warren, 1930.

Green, J., *Thinking through Translation*, Athens: University of Georgia Press, 2001.

Halliday, M. A. K. & R. Hasan, 1976, *Cohesion in English*, Beijing: Beijing Foreign Language Teaching and Research Press, 2000.

Halliday, M. A. K., *An Introduction to Functional Grammar*, Beijing: Beijing Foreign Language Teaching and Research Press, 2000.

Hannay, J., *Studies on Thackeray*, London: George Routledge & Sons, 1868: 28 – 29.

Hermans, T., *Translation in Systems: Descriptive and Systemic Approaches Explained*, Manchester: St. Jerome, 1999.

Hoernlé, A., *Matter, Life, Mind, and God: Five Lectures on Contemporary Tendencies of Thought*, New York: Harcourt, Brace, 1923.

Holman, C. H., *A Handbook to Literature* (*6th ed.*), New York &

London: Macmillan, 1992.

Holmes, J., The Name and Nature of Translation Studies. In Holmes, *Translated! Papers on Literary Translation and Translation Studies*, Amsterdam: Rodopi, 1988: 67 – 80.

Hough, L. H., *Great humanists*, New York: Abingdon-Cokesbury Press, 1952.

Huang, Y., *Pragmatics*, Oxford: Oxford University Press, 2007.

Jacobson, R., On linguistic Aspects of Translation. In Venuti, L., ed., *The Translation Studies Reader*, London & New York: Routledge, 2000: 113 – 118.

Jauss, H. R., *Toward an Aesthetics of Reception*, Minneapolis: The University of Minnesota Press, 1983.

Kövecses, Z., *Metaphor in Culture: Universality and Variation*, Cambridge: Cambridge University Press, 2005.

Lakoff, G. & M. Johnson, *Metaphors We Live By*, Chicago & London: The University of Chicago Press, 2003.

Leech, G. & M. H. Short, *Style in Fiction: A Linguistic Introduction to English Fictional Prose*, London: Longman, 1981.

Leech, G., *A Linguistic Guide to English Poetry*, London: Longman, 1969.

Leech, G., *Language in Literature: Style and Foregrounding*, Harlow, England: Pearson Longman, 2008.

Leech, G., *Semantics*, London: Penguin, 1974.

Lefevere, A., *Translation, Rewriting and the Manipulation of Literary Fame*, London & New York: Routledge, 1992.

Lewis, P., "The Measure of Translation Effects", In Venuti, L., ed.,

The Translation Studies Reader, London & New York: Routledge, 2000: 264 – 283.

Lin, K., "Translationas a Catalyst for Social Change in China", In Tymoczko, Maria & Edwin Gentzler eds., *Translation and Power*, Boston: University of Massachusetts Press, 2002: 160 – 183.

Livingston, R. W., ed., *The Legacy of Greece*, Oxford: The Clarendon Press, 1921.

Manchester, F. & O. Shepard, eds., *Irving Babbitt, Man and Teacher*, New York: G. P. Putnam's Sons, 1941.

McFarlane, J., "Modes of Translation", *The Durham University Journal*, Vol. 15, No. 3, 1953, pp. 77 – 93.

Mercier, L. J., *American Humanism and the New Age*, Milwaukee: Bruce, 1948.

Mercier, L. J., *The Challenge of Humanism: An Essay in Comparative Criticism*, New York: Oxford University Press, 1933.

Mercier, L. J. W. C., "Brownell and Our NEO-BARBARISM", *The Forum*, No. 6, 1929, pp. 376 – 381.

More, P. E., *The Drift of Romanticism: Shelburne Essays*, Boston: Houghton Mifflin, 1913.

More, P. E., *Shelburne Essays, Vol. VI*, New York: Putnam, 1909.

More, P. E., "Irving Babbitt", *The American Review*, April 1934: 23 – 40.

Munday, J., *Introducing Translation Studies*, London and New York: Routledge, 2008.

Nida, E. A. & C. R. Taber, *The Theory and Practice of Translation*, Shanghai: Shanghai Foreign Language Education Press, 2004.

Ortony, A. , ed. , *Metaphor and Thought* (*2nd ed.*), Cambridge: Cambridge university press, 1993.

Pilkington, A. , *Poetic Effects: A Relevance Theory Perspective*, Amsterdam & Philadelphia: John Benjamins, 2000.

Plato, *The Republic of Plato*, Translated by John Llewelyn Davies and David James Vaughan, London: Macmillan, 1866.

Reichwein, A. , *China and Europe: Intellectual and Artistic Contacts in the Eighteenth Century*, New York: Alfred A. Knopf, 1925.

Richardson, W. L. & J. M. Owen, *Literature of the World: An Introductory Study*, Boston: Ginn and Company, 1922.

Robinson, D. , ed. , *Western Translation Theory from Herodotus to Nietzsche*, Beijing: Beijing Foreign Language Teaching and Research Press, 2007.

Ryn, C. G. , *Will, Imagination and Reason: Irving Babbitt and the Problem of Reality*, Washington, D. C. : Regnery Books, 1986.

Sainte-Beuve, C. A. , "What Is a Classic?", http: //www. bartleby. com/32/202. html.

Saussure, F. , *Course in General Linguistics*, Beijing: Beijing Foreign Language Teaching and Research Press, 2001.

Schleiermacher, F. , "On the different methods of translating", In Robinson, D. , ed. , *Western Translation Theory from Herodotus to Nietzsche*, Beijing: Beijing Foreign Language Teaching and Research Press, 2007: 225 – 38.

Scollon, R. & S. W. Scollon, *Intercultural Communication: A Discourse Approach*, Beijing: Foreign Language Teaching and Research Press, 2000.

Shafer, R., "What is Humanism?" *Virginia Quarterly Review*, 1930, Spring. http://www.vqronline.org/essay/what-humanism.

Sherman, S. P., *Matthew Arnold: How to Know Him*, Indianapolis: the Bobbs-Merrill Company, 1917.

Snell-Hornby, M., *The Turns of Translation Studies: New paradigms or shifting viewpoints?*, Amsterdam & Philadelphia: John Benjamins, 2006.

Snell-Hornby, M., *Translation Studies: An Integrated Approach*, Amsterdam & Philadelphia: John Benjamins, 1995.

Sperber, D. & D. Wilson, *Relevance: Communication and Cognition*, Beijing: Beijing Foreign Language Teaching and Research Press, 2001.

Steiner, G., *After Babel: Aspects of Language and Translation*, Shanghai: Shanghai Foreign Language Education Press, 2001.

Stumpf, S. E., *Philosophy: History and Problems* (*6th ed.*), Boston, Mass.: McGraw-Hill, 2003.

Sutton, W., *Modern American Criticism*, London: Prentice-Hall, 1963.

Toury, G., *Descriptive Translation Studies and Beyond*, Shanghai: Shanghai Foreign Language Teaching and Research Press, 2001.

Tymoczko, M. & E. Gentzler, eds., *Translation and Power*, Boston: University of Massachusetts Press, 2002.

Tymoczko, M., *Enlarging Translation, Empowering Translators*, St. Jerome, Manchester, 2007.

Tytler, A. F., *Essay on the Principles of Translation*, Beijing: Foreign Language Teaching and Research Press, 2007.

Venuti, L., *The Translator's Invisibility: A History of Translation*,

Shanghai: Shanghai Foreign Language Teaching and Research Press, 2004.

Venuti, L., ed., *The Translation Studies Reader*, London & New York: Routledge, 2000.

Whorf, B. L., *Language, Thought and Reality: Selected Writings of Benjamin Lee Whorf*, Cambridge, MA: MIT Press, 1956.

Wu, X., "The Birth of a Chinese Cultural Movement: Letters Between Babbitt and Wu Mi", *Humanitas*: Volume XVⅡ, Nos. 1 and 2, 2004.

后　　记(一)

本书是在我博士论文的基础上修改而成，所以出版之际，首先要感谢中山大学外国语学院的王东风教授，师恩难忘，感谢他多年来的关心、指导和砺炼；感谢中山大学外国语学院、哲学系、中文系、人类学系等院系的诸多师友，感谢他们对我知识和眼界的开阔；感谢读书期间中大外院以及其他院系好友的陪伴；感谢岫庐、水生、张洁、溪珧、吉星等诸同门好友的帮助和鼓励，特别是岫庐和水生，没有你们的支持，很难想象自己现在会是何种情形！

本书的出版也得到了湖北民族大学的大力支持。感谢骆贤凤、张婷、曾祥华、周代明、陈斌等领导和同事的敦促、劝导和包容；感谢“博雅宅”诸位宅友的相伴；感谢覃军、李靖、陈池华三位“洞明论坛”坛友的陪伴、鼓励和劝诫，见贤思齐，他们不仅让我的生活增光添彩，也让我的心性和眼界得到了很大的提升。

最后，感谢家人的支持和鼓励。多年来含辛茹苦的父母，求学期间倾力相助，工作之后自己仍未能在身边尽孝，但他们始终如一，任劳任怨，悄无声息地承受，毫无保留地支持，自己做了父母之后，更深刻地感受到了他们所奉献的一切。感谢妻子和她的家人这几年的帮助，感谢儿子汪乐之小朋友，你是我工作之后最大的收获，希望可爱的你健康成长，以后学有所成。

后　记(二)

初识吴宓，实属偶然。一次翻译学术沙龙，有位同门做了五四时期西诗中译概况方面的主题报告，讲到“学衡派”译诗时重点论述了吴宓，在介绍吴宓时附上了他刚刚留美归来、任职东南大学时的那张风华正茂、意气飞扬的照片，同时半开玩笑地说：“吴宓跟我们的一个朋友很像。”她话音刚落，大家不约而同地把目光投向了我，我一时不明所以，但一瞬间还是觉得耳根有些发热。

如果从师门传承说起，自己跟吴宓还真有点缘分，这要从外语前辈李赋宁先生说起。他父亲、同为“关中四大”的李仪祉与吴宓交情深厚，他自己也资质过人，勤奋好学。入清华外语系后，吴宓对这个陕西同乡“视如己出”，抗战胜利后李赋宁随校回京，吴宓留在了西南，在与李赋宁的书信中总是以弟相称，甚至明确表达过把自己的藏书、稿件悉数相托的想法；后来李赋宁在北大上课时慧眼识珠，认识了学生时期的申丹，若干年后学成归来的申丹老师成了李赋宁家的儿媳，据申丹老师回忆，听李赋宁授课“是一种享受”，而且作为公公的李赋宁在品行、学识、情怀、身教各方面都深深地影响了她；再后来，我们的导师王东风入北大深造，并成了申丹老师的高徒。这么说有些牵强，也很尴尬，毕竟学术圈并不大，互不相识的两个人都有可能因第三甚至第四个人联系起来，而且从吴宓到李赋宁到申丹再到王东风，他们每个人都在自己的领域独领风骚，而自己只是芸芸众生中的无名之辈，这实在有辱师门，也配不上这里所述的与吴宓的渊源。

其实，中国的外语教育，尤其是英语语言文学教育，都少不了吴宓的贡献和影响，他在一百年前为清华外语系制定的以培养“博雅之士”为目标的人才培养体系和方案，造就了一大批声名卓著、影响深远的教育家和学者，是留给后世的宝贵遗产。因此，无论是作为外国语言文学的学习者还是教育者，我们或多或少都在踏着吴宓铺设的道路前行，而且无论何时，如果有所迷惑，再回头看看吴宓，总能得到很大的启示。学翻译，做翻译，研究翻译，甚至教翻译，也同样如此。正是在这个意义上，我们与吴宓才是真正有缘。

也许与胡适、鲁迅、林语堂等民国时期的很多文化名人相比，吴宓并没那么有名，他思想所及有限，也没有等身的著作，只留下了二十本日记（《吴宓日记》和《吴宓日记续编》各十本）和部分零散的作品，除了《吴宓诗集》，似乎再难找出一本完整学术作品、文学作品或翻译作品。但吴宓却是很特殊的一个。翻译上，虽然没有留下完整的译本，但他在理论和实践上的建树对后世的影响不可低估；学术上，他虽然没有如同为“哈佛三界”的汤用彤、陈寅恪那样留下整本成体系的专著，却引领了中国近代思想史的一大流派——“学衡派”，更是开创了中国比较文学研究的先河，也为后世的“红学研究”也留下了珍贵的遗产；教育上，他在国内开创了博雅式的教育，对我国日后外语人才的培养立下了不朽的功绩。

拿翻译来说，吴宓的思想（不仅仅是翻译思想）对我国当前翻译人才的培养，同样有着重要的借鉴意义。比如吴宓本着新人文主义的理念，强调翻译过程中的“中庸”——切勿走极端；再如他通过自己的实践告诉我们，对翻译来说，最重要的不是翻译知识或技巧，而是“博雅”，这可不仅是我们现在所说的百科知识，而是对两种甚至多种语言文学传统和文化知识的理解和把握，以此为基础，翻译自然水到渠成。

只能说，吴宓是个 Hamlet 式的人，想法多，做得少，一方面，他并没有把自己的诸多想法付诸笔端，我们只能在故纸堆里找到一些零散的材料，但即便如此，我们也能从中得到很多思想的火花；另一方面，还有很多珍贵的资料，无缘得见。无论从学术研究的角度来看，还是从参考价值来看，吴宓都值得我们反复思量。

仅以此文聊表对吴宓的纪念，以此书聊表对吴宓思想的继承，也希望自己能做好人，做好学问，为己也是为“人”。